KB107667

연금 에센스
80

은퇴 후 삶을 결정하는 연금의 모든 것

연금 에센스
80

이창만 지음

연금상품, 투자와 운용, 절세의 방법 등
연금에 관해 알아야 할 80가지 핵심

버튼북스

성공적인 연금 투자와
편안한 노후를 준비하는 이들에게

백세시대를 이야기하는 요즘, 기뻐하기보다는 오히려 노후의 삶에 대해 걱정하는 사람들이 주변에 많아졌다. 위로 부모를 모시고 아래로 자녀 교육에 많은 시간과 돈을 지불한 이들의 경우에는 미래에 대한 걱정이 적지 않다. 성실하게 일하고 퇴직금을 받고 은퇴했으며, 곧 국민연금을 받게 되는 이들도 상황은 마찬가지이다.

그렇다면 은퇴 후 생활비는 얼마가 있어야 할까? 국민연금공단의 국민연금 연구원이 2022년 실시한 조사에 따르면, 50대 이상 중고령층이 생각하는 부부의 노후 적정 생활비는 서울이 월 330만원, 광역시는 280만원, 도 지역은 259만원이라고 한다. KB금융지주 경영연구소가 2023년 1월 3일~27일까지 전국 20~79세 남녀 3,000명을 조사해 발표한 '노후 준비 진단과 거주지 선택 조건' 보고서에는 노후의 기본적 의식주 해결만을 위한 최소 생활비는 평균 월 251만원, 여행과 여가 활동, 자녀와 손자 용돈 등에도 지출할 수 있는 적정 생활비는 월 369만원으로 조사됐다.

이러한 조사 결과를 보면 서울 기준으로 부부가 월 350만원은 있어야 자신의 건강을 챙기고 적절한 취미생활이 가능하다고 생각할 수 있다. 1년에 4,200만원이 필요하고 여생을 생각할 때 20년에 8억 4,000만원이 필요한 셈이다.

솔직히, 이 금액은 국민연금과 퇴직연금, 개인연금 등을 착실히 준비한 사람에게도 부담되는 금액이다. 국민연금을 20년 이상 납부한 장기 가입자의 월 평균 연금 수급액이 100만원을 넘은 것도 2023년이다. 전체 가입자들의 월 평균 연금 수급액은 61만 8,863원에 불과하다.

부족한 돈을 퇴직연금, 개인연금 등에서 메꾸어야 하니 쉽지만은 않다. 이러다 보니 퇴직을 했음에도 노후 자금이 부족해 다시 경제활동에 뛰어드는 노년 경제인구가 계속 늘어나는 추세이다.

은퇴를 앞두거나 은퇴 후 생활하는 많은 사람들의 연금에 관한 관심과 문의가 많아지고 있다. 금융사 창구나 콜센터에는 연금세제, 연금상품, 연금수령 등의 상담이 계속 늘어나는 추세이고, 각 금융사에서는 연금 전담 상담 인력을 현장에 배치하는 등 나름의 태세를 갖추고 있다.

많은 직장인들이 삼삼오오 모여 연금 정보와 지식을 주고받는 모습을 자주 볼 수 있다. 의외로 많은 공부를 통해 연금에 대한 전문지식을 지닌 이도 있지만 대부분의 사람들은 연금에 대한 단편적인 지식과 잘못된 정보를 맞다고 생각해 주위에 전달하는 경우도 간혹 볼 수 있다.

필자는 2005년 12월 퇴직연금제도가 도입되면서부터 연금 전문부서에서 오랜 기간 근무하며 수많은 대기업, 공기업, 외국기업들의 퇴직연금제도, 연금상품 등을 상담해왔다. 기존 퇴직금제도에서 퇴직연금제도로 바꾸는 과정 속에서 기업의 노무, 재무부서와 함께 종업원 설명회와 제도 설계 등을 컨설팅해왔다.

기업의 CEO부터 고위 임원, 직원들의 DC제도 가입 운영과 상품 상담을 진행했고, 퇴직 후 IRP로 퇴직금 이전, 이전 후 연금수령과 세무 등에 대해서도 지속적인 상담을 진행하고 있다. 현장에서 직접 발로 뛰면서 고객 요구에 빠르게 대처하였으며, 수년 전 잘 알려지지 않은 세액특례 정산을 추후 경정청구를 통해 퇴직소득세 환급을 받게 한 사례들도 여럿 경험했다. 업무를 통해 쌓아온 연금에 관한 지식과 경험, 다양한 사례들을 틈틈이 모으고 정리하는 한편 관련 지식과 법령 등을 토대로 '연금에 관한 책'을 써보기로 마음먹게 되었다.

이 책은 개인연금, 퇴직연금, 연금자산 운용, 연금수령, 알아두면 도움이 되는 다양한 사례의 순서로 구성했다. 잊기 쉽지만 꼭 챙겨봐야 하는 세금과 법령 등에 관해서도 자세히 살펴보면 좋겠다.

먼저, 한국의 연금은 어떤 체계로 구성되어 있는지를 살펴보자. 한국은 0층부터 3층까지, 총 4단계의 연금 체계를 갖고 있다.

3층 체계	세제적격 개인연금(IRP, 연금저축 등) 주택연금, 농지연금 세제비적격 개인연금(일반연금보험, 변액연금보험, 실손의료보험)	
2층 체계	퇴직연금	특수직역 연금 (공무원, 군인, 교직원, 별정우체국 연금 등)
1층 체계	국민연금	
0층 체계	기초연금	

이 표에서 볼 수 있듯이, 각 층마다 여러 종류의 연금이 있다. 이 책에서는 2층 체계인 DC/IRP의 퇴직연금과 3층 체계인 세제적격 개인연금에 대해 주로 다루고 있다. 또한, 최근에 관심이 많아지고 있는 주택연금, 국민연금, 기초연금에 관해 꼭 필요한 부분을 소개하고 있다.

0층 기초연금부터 3층 개인연금까지 가입 자격, 상품 운용, 인출 조건 등은 매우 복잡하다. 뿐만 아니라 각각의 연금 간에 연관된 부분도 많다. 퇴직연금과 세제적격 개인연금은 이 책에서 비교적 자세히 설명하고 있지만 기초연금, 국민연금, 주택연금의 경우에는 이 책을 통해 기본 개념만을 이해한후 자신에게 해당되는 사항이 있으면 해당 공공기관 홈페이지에 소개된 시뮬레이션 등을 활용해서 구체적으로 알아보고 확인하는 편이 좋다.

실제 상담 현장에서 직접 경험한 연금 관련 궁금해할 내용들, 다양한사례를 비롯해 꼭 소개하고 안내하고 싶은 연금에 관한 거의 모든 것을이 책에 담고자 했다. 주변의 다양한 사례도 해당 내용과 부록을 통해 소개하고자 했다. 가급적이면 많은 사례를 통해 '좀 더 쉽게 이해할 수 있지않을까' 하는 기대도 담았다.

이 책에서 다루고 있는 연금에 관한 주제와 이슈의 대상은 대부분 개인이다. 따라서 퇴직연금제도의 확정급여형(DB)과 퇴직금제도에 관한 여러 사항들은 언급하지 않았으니, 양해를 부탁드린다.

퇴직금제도와 연금상품 운용, 연금수령에 대한 내용이니만큼, 관련 법과 무관할 수 없다. 근로자퇴직급여보장법, 퇴직연금감독규정, 소득세법, 법인세법 등과 국세청, 고용노동부 질의 모음집 등을 참조해 관련 내용들은 그 근거를 제시하는 데 충실하고자 했다. 사례에 적용되는 세율도 최대한 근사치를 계산하여 실제 도움이 되도록 했다. 2023년 11월 퇴직연금감독규정의 상품 운용 변경 사항과 2024년부터 적용되는 연금 소득이 1,500만원으로 바뀐 내용을 반영했다.

필자도 사람이다 보니 상담 과정에서 실수가 없었는지, 상품과 세금 안내는 제대로 안내를 했는지, 이 책을 쓰는 동안 지난 일을 돌이켜볼 기회의 시간도 가져볼 수 있었다. 가능한 많은 자료와 사례를 소개함으로써 편안한 노후를 계획하는 이들에게 도움이 되고자 한다. 이 책을 통해 자신의 연금을 꾸준히 관리하고 퇴직 후 보다 성공적인 연금자산을 준비하기를 진심으로 바란다.

덧붙여, 이 책이 나오기까지 바쁜 일정에도 주말을 이용해 꼼꼼하고 세심하게 검토를 도와준 삼성증권 연금2센터 서종철 수석과 연금업무 관련한 질문에 친절히 답해준 업무개발팀 윤희정 수석, 삼성증권 연금본부 직원들에게 고마움을 전한다.

2024년 봄
이창만

서문 성공적인 연금 투자와 편안한 노후를 준비하는 이들에게　　　　　5

1장 개인연금 이해하기

01 세제적격 연금과 세제비적격 연금　　　　　18

02 연금저축, IRP, ISA에서 자산도 모으고 세금도 환급 받자　　　　　22

03 연간 1,800만원 한도의 연금계좌는 2~3개가 좋다　　　　　28

04 지난해 받지 못한 세액공제를 올해 받을 수 있다　　　　　30

05 개인연금계좌의 연금수령은 55세에 하는 것이 나을까　　　　　32

06 보험사의 ㈜개인연금 보험 상품은 장점이 많다　　　　　34

07 세금을 줄이려면 연금저축보험을 종신으로 수령하자　　　　　35

08 만기가 된 연금저축보험의 수익률을 살펴보자　　　　　36

09 자녀 명의 연금저축계좌에 넣어준 용돈도 증여세에 해당될까　　　　　38

2장 퇴직연금 이해하기

10 퇴직금제도와 퇴직연금제도의 차이   44

11 DB와 DC의 퇴직금 차이   47

12 DC형 퇴직금은 누구에게 유리할까   50

13 경영성과급 DC는 세금과 공적 보험료를 줄일 수 있다   52

14 퇴직금 중간정산, 담보대출, 중도인출의 요건과 차이점   56

15 주택자금으로 중도인출할 경우 확인할 것들   61

16 본인과 부양가족 의료비 인출에 필요한 조건   65

17 DC, IRP, 연금저축에서 인출할 수 있는 의료비의 차이   72

18 의료비 전용 연금계좌에는 우리가 모르는 혜택이 있다   75

19 퇴직 위로금(명예 퇴직금)과 퇴직금은 각각 수령 가능할까   80

20 퇴직소득세 세액정산 특례 신청은 본인이 해야 한다   81

21 근속기간이 길수록 퇴직소득세는 낮아진다. 얼마나 차이 날까   86

22 공무원, 군인, 교사가 일시 퇴직금을 IRP, 연금저축으로 받으면
     절세 가능하다   91

23 연금 받기 전 연금수령 요건, 한도, 연차를 꼭 확인하자   94

24 연금 실제 수령연차를 알아야 세금을 줄일 수 있다   100

25 연금계좌 이전으로 퇴직소득세 절세가 가능하다   102

26 53세 퇴직자가 IRP계좌의 퇴직금을 일부 찾을 수 있는 방법   110

27 59세 퇴직자가 퇴직금을 급여통장과 IRP로 받는 것의 차이   112

28 퇴직금을 12월 28일과 다음해 1월 2일 나누어 받으면 절세가 된다   114

29 퇴직연금 이전 조건으로 대출금리 할인을 제시 받았다   116

30 임원이라면 꼭 확인해야 할 퇴직금   118

31 연금수령 중 사망 시 승계와 해지의 차이   132

32 퇴직금, 퇴직연금 자산도 상속재산에 포함될까   136

3장 연금자산 운용하기

33 DC, IRP, 개인연금에서 투자 가능한 상품을 알아보자   140

34 DC, IRP에서 연금자산 운용 CASE별 사례   146

35 ETF, 펀드 수익이 발생하여 위험자산 초과 안내를 받았다.   148

36 원리금보장 상품은 모두 예금자 보호가 가능할까   149

37 원리금보장 상품의 일반 중도해지와 특별 중도해지의 차이는 무엇일까 153

38 DC, IRP에서 채권 투자 방법과 장점을 알아보자   155

39 채권 투자, 채권형 펀드, 정기예금의 차이점을 알아보자   161

40 국채를 만기 전 매도하여 초과 수익을 실현한 사례   163

41 채권 만기 전 매도수익과 이자수익에 대한 세금을 확인하자   165

42 계열사 발행 채권도 DC, IRP 투자가 가능할까   169

43 채권 투자 후 평가금액이 마이너스다. 채권 투자도 손실을 볼 수 있을까 171

44 펀드 투자 기준가, 수익률에 대해 알아보자   174

45 퇴직연금, 개인연금 펀드에 선취, 중도환매 수수료가 있을까   177

46 ETF와 펀드의 차이점을 알아보자   178

47 연금자산에서 투자 가능한 ETF의 범위를 알아보자   182

48 ETF 투자의 분배금이란 무엇일까   187

49 ETF 매매 차익과 분배금 수익에 대한 세금   188

50 ETF를 증권, 은행, 보험에서 매매할 때의 차이   189

51 합성 ETF를 연금자산에서 투자가 가능할까   190

52 월 배당금을 받을 수 있는 ETF 상품을 알아보자   193

53 만기가 있는 채권형 ETF 상품을 알아보자   196

54 투자하고 있는 ETF가 청산되었다면 얼마나 회복할 수 있을까   198

55 TDF 2030, 2050, 2060 숫자가 의미하는 것   200

56 TDF는 연금 가입자를 위한 맞춤형 상품일까   202

57 TIF와 TDF의 차이는 무엇일까   206

58 리츠, 맥쿼리인프라도 투자가 가능할까   208

59 디폴트옵션(사전지정운용제도)에 대해 알아보자   214

60 디폴트옵션을 반드시 지정해야 할까   218

61 디폴트옵션에는 위험성향에 따라 어떤 상품이 있을까   219

62 디폴트옵션을 지정하면 다른 상품은 매수할 수 없을까   224

63 디폴트옵션 지정과 투자비율 등록의 차이를 알아보자   226

4장 기초연금, 국민연금, 주택연금 이해하기

64 나도 기초연금 대상이 될 수 있을까   232

65 자녀에게 자산의 일부를 물려주었다면 기초연금이 가능할까   236

66 국민연금 수령하기 전 조기 신청은 누구나 가능할까   237

67 소득이 있으면 국민연금의 전액 수령은 불가하다   239

68 국민연금을 각각 수령 중인 부부 중 한 명 사망 시 유족연금은 얼마일까 241

69 주택연금의 대상과 조건을 살펴보자   252

70 주택연금 수령 중 주택 가격이 오르면 연금 수령액도 올라갈까   256

71 지금의 집을 줄일 경우, 주택연금과 여유자금 비교해보자   257

5장 연금수령과 운용에서 이것만은 기억하자

72 퇴직금 수령 전 반드시 확인해야 할 것들   262

73 개인연금, 퇴직연금 수령 전 반드시 확인해야 할 것들   266

74 1,500만원 초과는 종합소득에 포함된다. 1,500만원의 범위 확인하기   269

75 금융권에 따른 연금자산 운용과 연금수령 방법   270

76 장기간 연금수령에 따른 화폐가치 하락을 피하는 방법   272

77 종합소득세와 연금소득세의 유형별 정리   276

78 IRP, 연금계좌의 중도인출 사유에 따른 세율 정리   281

79 S상사 정년퇴직한 A부장의 퇴직금과 개인연금 수령 방법 알아보기   284

80 국민연금, 퇴직연금, 개인연금, 주택연금의 종합소득세,
   건강보험료 산정   290

부록 : 알아두면 쓸모 있는 연금 인출의 사례

◈ 연금수령연차, 연금수령한도, 연금계좌이전에 관해 다시 한 번 정리하자   294

사례01 55세 이전 IRP 퇴직금에서 주택 분양 자금 인출   300

사례02 퇴직금 수령 계좌별 퇴직소득세 비교   303

사례03 퇴직 3년 후 퇴직금, 개인 납입금 전액 인출 시 고려할 사항   305

사례04 대기업 고위 임원의 퇴직소득세 절감 방법   308

사례05 K교사의 퇴직금을 IRP로 수령 시 절세 방법   310

사례06 국민연금 수령 전 사적연금의 효율적 수령 및 절세 안내   312

사례07 65세 은퇴자가 시세가 낮은 집으로 이사한 후 차액의 효과적 운용   315

연금 관련 사이트 소개   318
참고 도서와 자료   319

1장

개인연금 이해하기

개인연금은 국가나 회사의 도움 없이 말 그대로 개인이 자신의 미래를 위해서 또는 언제 닥칠지 모르는 위험에 대비하고자 준비하는 상품이다. 불확실의 시대를 살아가는 현대인들에게 개인연금은 이제 선택이 아닌 필수라고 해도 과언이 아니다.

01

세제적격 연금과
세제비적격 연금

개인연금에는 가입 시부터 세제 혜택을 주는 세제적격 연금과 그렇지 않은 세제비적격 연금이 있다. 세제 적격 연금은 납입 금액에 대해 연말정산 시 세액공제 혜택을 주고 55세 이후 연금수령 시 낮은 과세를 한다.

세제비적격 연금은 납입금액에 대한 세금 혜택은 없지만 연금수령 시 비과세 혜택을 주는 상품이다. 각각의 상품이 지닌 특성을 잘 비교해보고 자신에게 맞는 종류의 연금을 골라 가입하기를 권한다.

금융감독원 통계 자료에 의하면, 개인연금 시장 규모는 2022년 말 기준으로 385.8조원이며, 이 중에서 세제적격 개인연금이 159.6조원, 세제비적격 개인연금이 226.2조원이다. 세제적격 개인연금의 경우, 세제의 적용이 달라지는 경우가 있다. 자신의 가입 시기를 알고 상품의 내용을 알아보는 것이 좋다.

구 분	세제적격 연금	세제비적격 연금
주요상품	연금저축, IRP	연금보험, 변액연금보험
판매금융사	은행, 증권, 보험	은행, 증권, 보험
세제혜택	소득에 따라 가입 금액의 16.5%, 또는 13.2%를 연말정산 또는 종합소득 신고 시 세액공제 받을 수 있다. 운용할 때 이자, 배당소득세 과세이연되고 인출 시 연금소득세가 과세된다.	가입 시 세제혜택이 없으며 운용할 때 과세이연된다. 인출 시 납입조건을 충족했을 때 운용수익은 비과세이다. -계약기간 10년 및 납입기간 5년 이상 -매월 균등하게 보험료 납입 -1인당 월 보험료 150만원 이하 (2017. 4.1일 이후 가입분부터)
중도해지 시	세액공제 받은 금액과 운용수익을 합해 16.5% 기타소득세 과세된다.	해지 환급금이 납입 보험료보다 많으면 차익에 대해 15.4% 이자소득세 과세된다.
가입자격	연금저축은 가입자격에 제한이 없지만 IRP는 소득이 있어야 가입이 가능하다.	가입자격 제한은 없다. 노후 준비, 위험 대비, 금융소득 절세하고자 하는 이들에게 추천하다.

◆ IRP(Individual Retirement Pension) 상세 안내는 p24~29 참조

세제적격 개인연금은 가입 시기에 따라 차이가 있다

세제 혜택을 받을 수 있는 개인연금은 1994년 6월, (구)개인연금부터 시작되었다. 그 이후 2001년 1월부터 개인연금은 가입 시기별로 세제 혜택과 연금수령 조건 등이 조금씩 바뀌면서 현재 연금저축으로 통용되고 있다.

세제적격 개인연금과 연금저축은 같은 개념으로 이해하면 된다. 세제 혜택을 받을 수 있는 개인연금은 개인, 근로소득자, 종합소득자 등 누구나 가입이 가능한 상품이고 일부 기업에서는 직원 노후복지를 위해 일부 지원까지 해주고 있다. 개인연금 상품 시장규모는 금융감독원의 발표 자료에 의하면 2022년 말 기준 159.6조원이다.

최근에는 2030세대들의 연금저축 관심도가 높아지고 있어 개인연금 시장은 계속 성장하는 추세이다. 가입 시기에 따른 차이가 있으니, 내가 가입한 연금저축이 있다면 어디에 해당하는지 살펴보자.

(구)개인연금(개인연금저축) : 1994. 6 ~ 2000. 12월까지만 가입

- 납입 한도 : 분기 300만원 (연간 1,200만원)
- 소득 공제 : 연간 납입액의 40%, 72만원 한도 내 가능
- 연금수령 시 과세 : 원금 및 이자소득에 대해 비과세
- 의무 수령 기간 : 55세 이후 최소 5년 이상, 연간 연금수령한도는 없다.
- 연금수령 시 연간 연금 소득 1,500만원에 포함되지 않는다.
- 퇴직 후 6개월 이내 해지 시 비과세로 수령 가능하다.
- 중도 해지 시 : 5년 이내 해지 시 이자소득세 15.4%와 소득공제 추징분으로 납입금액의 4.4%, 5년 이후 해지 시 이자소득세 15.4% 부과되며, 해지금액은 금융소득종합과세에 포함된다.
- 중도인출 : 부득이한 사유를 제외하곤 중도인출이 불가능하다.
- 부득이한 사유 : 사망, 퇴직/폐업, 해외 이주, 본인 3개월 이상 요양, 천재지변 등
- 연금저축 이수관 : (구)개인연금저축끼리만 이관된다.
- 상품 운용 : (구)개인연금 전용 단일 펀드, 은행은 신탁, 보험사는 공시이율 적용되며 예금, ETF 매매는 불가하다.

연금저축, IRP계좌 (2001년 1월 1일~)

구분	연금저축 (2001.1.1~2013.2.28)	연금저축계좌 (2013. 3.1 ~)	IRP (2011. 7.25 ~)
납입한도	연 1,800만원 + ISA만기 전환금액 + 60세 이상으로 기준시가 12억원 미만 주택을 매도할 경우 그 차액에 대해 1억원 한도 내		
연금수령 요건	가입기간 5년 이상 & 만 55세 이후 (단, 계좌에 퇴직소득이 있을 경우는 55세 이상이면 가입기간 5년 불필요)		
연금수령 의무기간	최소 5년 이상	최소 10년 이상	최소 10년 이상, 단 2013.3.1 이전 가입은 최소 5년 이상
	연간 연금수령한도 범위 내에서 인출해야 세제혜택을 받을 수 있다		

연금저축에는 연금저축펀드와 연금저축보험이 있다. 그 차이는 아래의 표를 통해 살펴볼 수 있다. 납입 방법과 상품 운용 등에 있어 같은 사항도 있고 확연히 다른 경우도 있으므로 자신의 상황을 고려해 어떤 상품이 더 적합한지 판단해보도록 한다.

연금저축과 연금저축보험의 비교

구분	연금저축	연금저축보험
납입방법	정기납 또는 수시 입금	매월 정기납
납입중단	가능	2개월 납입 중단 시 실효, 이후 부활
상품운용	가입자가 직접 MMF, CMA, 펀드, ETF, 리츠 등 다양한 상품 운용	보험사의 공시이율에 의해 운용
원금보장	비보장이나 MMF, CMA ,매칭형 채권펀드, ETF 운용 등으로 원금 보장 가능	원금 회복까지는 보험료 납입 후 통상 6~7년 소요
수수료 또는 사업비	없음. ETF, 리츠 등 매매 시 소정의 수수료. 펀드는 운용/판매사에서 수수료 공제 후 수익 배분	납입 보험료의 통상 5% 이상
연금수령	확정기간형, 확정급액형	확정기간형 또는 종신형(생명보험사)
판매처	은행, 증권	보험(생명/손해보험), 은행, 증권
연간 세액 공제한도	600만원	600만원

02
연금저축, IRP, ISA에서
자산도 모으고 세금도 환급 받자

근로소득자와 사업소득자가 매년 연말정산 또는 종합소득세 신고 시 세금을 줄일 수 있는 세액공제 상품으로는 연금저축과 IRP가 있다. 자금의 여유가 있는 이들에게는 연금저축과 IRP 연간 납입한도 1,800만원까지 입금을 권한다. 연금저축과 IRP의 차이를 알아보고, 세액공제는 아니지만 비과세 혜택을 주는 ISA에 대해서도 소개한다.

연금저축과 IRP의 연간 입금 한도와 세액공제

연금저축(펀드, 보험)과 IRP계좌, DC 가입자 본인이 DC계좌에 추가납입을 할 수 있는 금액을 모두 합해서 연간 1,800만원까지 입금이 가능하다. 추가로 ISA 만기 자금을 60일 이내 연금저축, IRP에 입금이 가능하다. 또한, 부부 중 한 명이 60세 이상인 자가 공시지가 12억원 이하 주택을 매도하고 그 이하 주택 또는 무주택일 경우 그 차익 중 1억원 한도에서 연금저축과 IRP에 입금할 수 있다.

연간 세액공제를 받을 수 있는 납입금액은 한도 900만원이다. 900만원을 초과한 납입금액은 다음해에 세액공제를 신청하면 받을 수 있다.

연금저축/보험과 IRP계좌는 합산해서 연간 900만원을 세액 공제 받을 수 있다. 연금저축과 보험은 600만원, IRP는 900만원까지 세액공제가 가능하다. ①연금저축/보험 200+IRP 700 ②연금저축/보험 600+IRP 300 ③IRP 900과 같이 900만원을 맞추면 된다.

별도로 ISA에서 만기된 자금 중 10%(최대 300만원)까지 세액공제를 받을 수 있다. 단, 주택매매 차익 입금에 대해서는 세액공제를 받을 수 없다.

납입한 금액의 세액공제 범위는 종합소득금액(근로소득) 4,500(5,500)만원 이하는 16.5%(지방소득세 포함)까지, 종합소득금액(근로소득) 4,500(5,500)만원 초과는 13.2%(지방소득세 포함)까지 가능하다. 근로소득 5,500만원 초과 기준으로 IRP, 연금저축에서 900만원과 ISA 만기 자금 최대 300만원을 합해 1,200만원까지 세액공제를 받으면 최대 1,584,000원(지방소득세 포함)의 세액공제가 가능하다.

연금저축, IRP 개인 납입금에 투자하는 모든 상품의 매매차익, 수입이자 등의 수익금액에 대해서는 세금이 없다. 수익금은 55세 이후 연금으로 수령 시 5.5%~3.3% 연금 소득세로만 과세한다.

연금저축의 가입, 납부방법, 세금

연금저축은 누구나 가입할 수 있다. 은행, 증권, 보험사에 가입할 수 있고 한 금융사에 여러 개의 연금저축 개설도 가능하다. 은행/증권사는 연금저축펀드, 보험사는 연금저축보험이다.

가입금액의 연간 600만원까지만 세액공제를 받을 수 있다. 납입금 중 세액공제 받지 않은 금액은 언제든지 출금이 가능하고, 그 다음해 세액공제 신청을 할 수 있다. 세액공제 받은 납입금을 찾을 때에는 기타소득세 16.5%를 납부해야 한다.

연금저축에서 수익 난 부분은 55세 이후 연금소득세 5.5~3.3%만 납부, 55세 이전 인출 시 16.5% 의 기타소득세를 납부해야 한다.

IRP계좌 (개인형 퇴직연금계좌)

IRP(Individual Retirement Pension)란 개인형 퇴직연금계좌를 말한다. IRP는 1금융사에 1개만 개설이 가능하고 소득이 있으면 누구나 가입할 수 있다. 소득 증빙이 없으면 가입할 수가 없지만, 퇴직 후 소득이 없으면 타사에 가입된 IRP 가입확인서를 제출하면 가입이 가능하다. 단, 퇴직금 수령용 IRP는 소득이 없어도 가능하다.

IRP에는 절세를 위한 연금저축을 포함하여 1,800만원 한도 내 납입을 하고 연말 세액공제를 받는 용도와 퇴직 후 퇴직금을 IRP계좌로 입금 받고 이후 연금으로 수령하는 기능이 있다. 상시 10인 미만 사업장에서 근로자별 IRP계좌 개설로 퇴직급여제도 도입에 활용하고 있다.

IRP의 경우, 개인 납입금은 연간 900만원까지 세액공제가 가능하다. 연금저축과 달리 세액공제받지 않은 금액은 55세 이전에 출금이 불가하다. 찾으려면 전액해지를 해야 하는데, 전액해지 시는 세액공제 받은 부분과 운용수익에 대해 기타소득세 16.5%를 부과한다. 55세 이전에 개인납입금이 있는 IRP계좌에 퇴직금을 받을 때는 이 점을 유의해야 한다.

55세 이전 IRP에서 일부를 인출하려면 근로자퇴직급여보장법의 중도인출 사유에 해당되거나 세법상 부득이한 인출 사유에 해당되어야 한다. 근로자퇴직급여보장법 중도인출 사유에는 무주택자의 주택 구입, 전세자금, 개인회생, 파산, 재난 피해, 본인/부양가족 6개월 이상 치료/요양, 퇴직연금 담보대출 원리금상환 등이 있다. 세법상 부득이한 인출 사유는 본인/부양가족 3개월 이상의 치료/요양, 사망 또는 해외 이주, 재난 피해, 개인회생, 파산선고 등이 있다.

개인납입금, 퇴직금→IRP (개인형퇴직연금)→연금 또는 일시금 수령한다.

IRP에는 근로자가 직장을 옮기거나 퇴직하면서 받은 퇴직급여를 한 계좌로 모아 노후재원으로 활용할 수 있도록 하는 퇴직연금 통산장치(전용계좌) 기능도 있다.

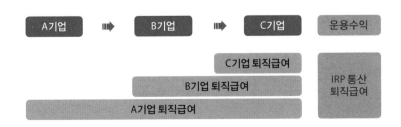

ISA계좌 (개인종합자산관리계좌)

ISA(Individual Savings Accont)란 개인종합자산관리계좌를 말한다. ISA는 19세 이상 국내 거주자는 소득과 상관없이 누구나 가입할 수 있다. 근로소득이 있으면 15세부터 가입이 가능하다. 단, 직전 3개년간 금융소득종합과세 대상자는 ISA에 가입할 수 없다.

1인당 1계좌만 개설이 가능하고 ISA 의무가입 기간은 3년이다. 납입한도는 연간 2,000만원이고 5년간 최대 1억원이다. 연간 납입한도 여유분은 이월 가능하고 올해 500만원을 납입하면 내년에는 3,500만원 납입이 가능하다.

가입 유형에는 소득에 따라 2가지가 있다

- 서민형 : 총급여 5,000만원/종합소득 3,800만원 이하만 가능하고, 가입 시 소득증명확인증명서가 필요하다. 계좌 내 상품운용 이익과 손실을 합친 순손익에 대해 400만원까지 비과세, 400만원 초과시는 9.9%만 분리과세를 한다. 가입 시 소득확인증명서가 필요하다.
- 일반형 : 누구나 가능하다. 계좌 내 상품운용 순손익에 대해 200만원까지 비과세, 200만원 초과 시 9.9%만 분리과세를 하며 가입 시 소득확인증명이 필요 없다.

ISA계좌 내 운용할 수 있는 상품으로는 예금, 펀드, ETF, 주식, 채권매매, 파생결합증권 등 다양하다. 해외주식 투자는 불가능하다. ISA 내 순손익이란 주식, 펀드 등 이익과 손실 등을 누계 합산한 금액을 말한다.

ISA는 연금계좌는 아니지만 만기된 자금의 전액 또는 일부를 연금저축, IRP계좌로 이체가 가능하고, 이체금액의 10%(한도 300만원)까지 추가 세액공제도 가능하다. 이 경우 ISA 만기일로 부터 60일 이내 연금계좌로 납입해야 한다. 세액공제 받은 자금을 55세 이전에 찾을 때에는 기타소득세 16.5%가 부과된다.

2024년 ISA개편 주요 내용

1. 현행 5년간 투자한도 1억원에서 2억원으로

2. 년간 납입한도 2,000만원에서 4,000만원으로

3. 운용수익 비과세 한도 200(서민형, 농어민 400)만원에서 500(1,000) 만원으로

4. 금융소득종합과세 대상자도 가입은 가능하되, 운용수익 15.4% 분리 과세 혜택만 준다.

03
연간 1,800만원 한도의 연금계좌는
2~3개가 좋다

연금계좌 입금 한도에 대해서는 앞에서 자세히 살펴보았다. 연금저축과 연금저축보험, IRP 등 3개 계좌에 입금이 가능하다. 관리가 번거롭더라도 최소 3개를 가입하고 분산 운용하는 편이 좋다.

1. 세제적격 개인연금 종신보험에 가입한다. 수령 시 연금소득세는 55~80세 4.4%, 80세 이상은 3.3%이다.
2. IRP에 개인 납입금 300만원 이상 가입한다.
3. 연금저축에 납입한다.

3의 연금저축은 세액공제 받지 않는 자금을 긴급하게 중간에 인출할 수도 있고 노후에 의료비전용 연금계좌로 지정하면 추가적인 세제 혜택을 볼 수 있다. (p75, 267, 282 참조)

DC 가입자의 경우 추가로 개인 납입을 할 수 있으나 DC계좌 수수료를 자신이 부담해야 한다. 회사 인사담당자 업무의 번거로움, DC계좌에서 중도인출이 필요하면 퇴직금 입금분과 세액공제 받은 부분을 같이 출금해야 하는 경우가 발생할 수도 있다. 이 때문에 DC계좌 추가 부담금은 점차 줄어드는 추세이다.

04
지난해 받지 못한 세액공제를
올해 받을 수 있다

지난해 하반기 특별 상여금을 받게 되어 연금저축 900만원, IRP에 900만원을 입금하였다. 국세청 홈택스에서 연말정산 개인 납입 세액공제가 연금저축, IRP 합하여 900만원으로 등록되어 있다. 올해는 900만원을 입금하지 않아도 세액공제를 받을 수 있다.

이처럼 전년도에 세액공제 받지 않은 초과 납입금은 올해 연말정산에 세액공제 신청을 해서 연말정산 세액공제를 받을 수 있다. 소득세법시행령 제118조의3 '연금계좌세액공제 한도액 초과납입금 등의 해당 연도 납입금으로의 전환 특례'라는 규정에 '연금계좌 가입자가 이전 과세 기간에 연금계좌에 납입한 연금보험료 중 연금계좌 세액공제를 받지 않은 금액이 있으면 그 금액의 전부 또는 일부를 해당 과세기간에 연금계좌에 납입한 연금보험료로 전환하여 줄 것을 연금계좌취급자에게 신청한 경우에는 연금계좌에서 가장 먼저 인출하여 그 신청을 한 날에 연금계좌에 납입한 연금보험료로 본다'고 나와 있다.

신청 시에는 국세청에서 발급 받은 연금보험료 등 소득. 세액공제 확인서를 제출하면 전년도 초과 납입금에 대해 올해 연말정산 세액공제가 가능하다. 가입자 본인이 직접 신청해야 한다.

05
개인연금계좌의 연금수령은
55세에 하는 것이 나을까

(구)개인연금이 아닌 2001년 1월1일 이후 개설한 개인연금과 IRP개인납입금은 납입한 후 만 55세가 지나고 가입 기간이 5년 이상이면 연금수령이 가능하다. 간혹 은행, 증권, 보험사에서 이 조건에 해당되면 연금수령이 가능하다고 안내한다.

하지만, 계속 근무 중이라면 연금수령 조건이 충족되어도 연금수령을 가급적 미루는 것이 좋다. 퇴직 무렵에 IRP, 연금저축, 연금보험계좌를 잘 활용하면 연금 계약 이전으로 절세가 가능하기 때문이다. 연금수령 개시를 한 연금계좌는 취소, 변경이 되지 않고 연금을 수령한 계좌에는 추가 입금이 되지 않는다. 이처럼 연금계좌 이전에 따른 절세가 불가하므로 급한 경우가 아니면 연금수령은 가급적 퇴직 이후로 미루는 편이 좋다. (연금계좌 이전에 대한 자세한 내용은 p102~109 참조)

2013년 3월 1일 이전에 개설한 연금계좌라면 더욱 아껴두어야 한다. 그 이후에 개설한 계좌도 연금수령연차가 쌓여 있으면 연금수령을 하지 않는 것이 좋다.

금융사나 일부 연금전문가들은 55세에 도달하면 무조건 연금수령에 대해 안내한다. 연금수령을 뒤로 미루면 연금계좌 자산이 쌓이고 쌓여 연간 1,500만원을 초과하여 인출하면 종합소득세 합산이나 16.5% 분리과세 선택으로 세율이 늘어날 수 있기 때문에 55세부터 연금수령을 권한다.

종합소득에 합산된다 하더라도 고액 자산가가 아니면 우려할 수준의 세율이 나오지는 않을 뿐만 아니라, 대기업 고위 임원으로 퇴직한 경우가 아니면 퇴직소득을 제외한 연간 연금소득 1,500만원을 초과할 수 있는 사람은 극히 드물다. 1,500만원을 20년 동안 수령한다고 가정하면 3억원이다.

세액공제 받은 개인 납입금과 퇴직 이후 연금계좌 전체에서 발생될 수 있는 운용수익을 합해 3억원이 될 수 있는 퇴직자는 얼마나 될까? 설령 1,500만원 한도를 맞추려고 아껴 쓰다 불의의 사고로 사망을 한다 해도 남은 연금자산은 피상속인 나이를 기준으로 연금소득세를 적용해서 해지할 수 가 있다. 또한, 퇴직 이후 연금계좌에서 본인 또는 가족의 의료비를 인출할 경우는 연간 1,500만원 한도에 포함되지 않는다. 이처럼 연금계좌는 여러모로 활용도가 많다는 점을 알아두자. (더 자세한 연금소득세에 관한 내용은 p103, 134, 267, 282 참조)

06

보험사의 ^(구)개인연금 보험 상품은
장점이 많다

1997년 전후부터 직원 복지 차원에서 기업과 근로자가 각각 절반씩 부담하여 (구)개인연금 상품에 많이 가입하였다. 보험사의 (구)개인연금에는 IMF 당시 고금리 시절 최저 보장 수익률이 5% 이상인 상품이 많다. 보험약관, 가입증서를 잘 살펴보고 계속 유지를 하는 편이 좋다.

5년 이상 연금으로 수령하면 비과세이고, 종신형의 경우 평생 최저 보장 수익률로 연금을 수령할 수 있다. 해지하지도 말고 다른 금융사로 이전도 하지 않는 것이 좋다.

주식시장이 활황일 때 보험사에서 증권사로 이전 후 ETF, 펀드로 운용하고자 하는 경우를 간혹 볼 수 있다.

(구)개인연금은 (구)개인연금끼리만 이전이 가능하고 ETF 매매도 할 수가 없으며 운용할 수 있는 상품의 수도 제한되어 있다. 연금수령도 길게 가져가는 게 좋다. 연금수령 시 부과되는 세금도 없고, 종합소득과 건강보험료 산정에서도 제외가 된다. 여러모로 장점이 많은 상품이다.

07
세금을 줄이려면 연금저축보험을 종신으로 수령하자

세제 적격 연금저축보험을 가입한 55세 가입자는 10년이 경과하면 연금수령이 가능하다. 생명보험사에서 가입한 연금저축보험은 종신 수령이 가능하다. 하지만, 손해보험사와 은행, 증권사에는 종신수령이라는 게 없다.

종신으로 수령하면 사적 연금수령한도 연간 1,500만원 범위 내에서 80세 미만까지는 연금소득세가 4.4%, 80세부터는 3.3%이다. 종신이 아닌 경우는 55~70세 미만 5.5%, 70~80세 미만 4.4%, 80세부터는 3.3%이다.

작은 차이라고 여길지 모르지만 퇴직 이후 노년에 1%의 세금 절감도 크게 느껴진다. 절세를 하기 위해서는 종신 수령을 계획하는 것이 좋다.

08
만기가 된 연금저축보험의
수익률을 살펴보자

A씨는 매월 30만원씩 연금저축보험을 가입하고 10년이 지났다. 원금은 3,600만원, 10년 경과 시점의 만기 환급금은 원금 대비 110%이다. 이후 공시 수익률은 2024년 2월 기준, 연 2.83%, 매년 복리로 운용된다고 안내받았다. 향후 금리가 내려가면 공시이율도 내려간다.

최저 보장 수익률은 보험사의 경우 10년 경과 후 통상 0.5%이다. 금리가 0% 시대가 와도 0.5%는 최저 보장을 한다.

2024년 2월 기준, 보험사의 연금저축보험 계속 유지와 IRP 또는 연금저축으로 이전 시 수익률을 비교해보자.

- 보험사 연금저축보험 5년 유지 시 수익률 2.83%로 가정하고 연간 복리로 하면 5년 후 15%로, 현재 만기환급금 39,600,000원이 5년 뒤 45,529,656원이 된다.

- IRP로 이전 후 국민주택 1종 5년, 2024년 2월 기준 3.60% 수익률을 적용하면 5년 후 18%로, IRP로 이전한 39,600,000원이 5년 후

46,728,000원이 되어 보험사 유지보다 1,198,344원의 수익을 더 낼 수가 있다. (계약 이전은 p102, 채권 투자는 p105 참조)

- 보험사의 경우 납입기간 이후 잔고에 대해서 소액의 수수료를 부과하지만, 증권사 IPR 개인 납입금 잔고는 수수료가 없다.

- 생명보험사 연금저축보험은 종신 수령이 가능하다는 장점이 있으니 수익률 이외의 조건도 살펴보고 판단하자.

09

자녀 명의 연금저축계좌에 넣어준 용돈도 증여세에 해당될까

K씨 부부는 아들의 돌, 생일, 어린이날 등 기념일에 할아버지, 할머니 등 주위 친지로부터 받은 용돈을 연금저축계좌에 넣어주면서 인덱스펀드나 만기매칭형 ETF를 조금씩 사주기 시작해 성인이 될 때까지 꾸준히 납입했다. 납입한 원금과 수익금이 2천만원 되는 시점에 증여세 신고를 해야 한다.

이들 부부가 자녀를 위해 어릴 때부터 준비한 연금저축계좌의 장점과 세금에 관해 살펴보자. 연금저축 가입은 남녀노소 누구나 가입이 가능하고 소득이 있어야 한다는 조건 등이 없다는 것을 이미 살펴보았다. 어린 자녀가 가입할 수 있는 연금저축은 연금저축펀드, 연금저축보험이 있다. 미성년자 자녀의 증여세 이슈를 살펴보면 자녀를 위한 연금저축계좌를 살펴보는 데 더 도움이 될 것이다.

증여세 과세에 있어 10년간 미성년자 2천만원, 성인 5천만원에 대해 증여재산공제를 해준다. 여기서 2천만원, 5천만원 공제는 증여 받는 자, 수증자 기준이다. 주는 사람인 증여자 기준이 아니다.

미성년자인 자녀가 평소에 받은 용돈도 증여세 신고를 해야 한다. 일시에 2천만원을 증여하는 방법과 돌잔치, 생일, 입학, 축하 등에 부모 또는 주위의 친지로부터 받은 용돈을 자녀 명의 연금저축계좌로 입금하는 방법이 있다. 일시에 2천만원 증여세 신고하는 방법과는 별도로 다음의 두 가지 중 하나를 선택하여 신고할 수가 있다.

첫 번째의 경우는 부모, 주위 친지로부터 받은 돈을 차곡차곡 모아 저축을 해서 10년간 원금 1,500만원이 되고 수익금이 500만원이 되어 평가금액이 2천만원이 되면 2천만원 되는 시점에 증여세 신고를 해야 한다.

두 번째의 경우는 친지로부터 받은 용돈을 부모가 모아놓고 유기정기가액 방식으로 국세청에 사전 신고를 하면 증여가 가능하다. 유기정기가액이란 매월 일정금액을 정기적으로 자녀 계좌에 적립식으로 입금하는 방법으로 국세청 사전 신고 시 3% 할인 적용을 받을 수 있다. 유기정기금액은 정기금액÷(1+0.03)으로 계산된다. 적립식 이체 시작 시점부터 3개월 이내 신고를 해야 한다.

유기정기금으로 사전 신고를 한 후 10년 기간 내 적립식 투자로 수익이 500만원, 1,000만원이 불어나도 증여세 과세가 없다. 연금저축계좌에서 부모가 과다한 ETF매매로 수익이 발생하면 차명계좌로 의심받을 수 있으니 조심해야 한다.

연금저축은 연금저축펀드라 확정이자 상품은 없지만 만기매칭형 채권형 상품, 채권ETF를 매수하면 만기일자에 원금과 이자가 지급된다. 연금저축펀드에서 발생한 수익에 대해서는 세금이 없다. 55세 이후 5.5~3.3% 과세이다.

아들은 대학 졸업 후 취업을 했다. 그간 아르바이트 용돈도 연금저축에 입금하는 등 착실히 저축을 해서 27세에 평가액이 7천만원(원금 5천만원, 수익금과 아르바이트 용돈 합계 2천만원)이 되었다. 여기서 5천만원은 유기정기가액방식으로 10년마다 증여세 신고를 해왔다. 그간 소득이 없는 상태라 세액공제를 받지 않았다.

납입한 원금 5천만원 중 6백만원을 신입사원 1년 차에 세액공제 전환 특례 신청을 하여 연말정산 세액공제도 받았다. 그리고 결혼, 주택구입용도와 긴급 자금용으로 세액공제 받지 않은 자금은 언제든지 인출이 가능하다.

이처럼, 미성년자 연금저축계좌는 좋은 점이 많은 상품이다. 미성년자 증여세 과세에 대해 한번 더 알아보도록 하자. 상속세 및 증여세법 46조에는 사회 통념상 인정되는 이재구호금품, 치료비, 피부 양자의 생활비, 교육비, 시행령으로 정하는 이와 유사한 금품은 비과세한다. 같은 법 시행령 35조에는 '기념품, 축하금, 부의금, 기타 이와 유사한 금품으로 통상 필요하다고 인정되는 금품' 등을 비과세 항목으로 구체적으로 적시하고 있다. 사회 통념상 인정되는 범위는 1, 2만원~십만원 정도는 허용되는 것으로 알고 있다. 사회 통념상 인정되는 자녀 용돈이라도 차곡차곡 모아 원금과 수익이 2천만원 되는 시점에는 증여세 신고를 해야 한다. 미신고 시 추후 할증과세 등 과징금이 날아올 수가 있다.

    입금 기준이 아닌 입금과 불어난 수익금 기준 2천만원이 기준이 된다는 것을 한번 더 강조한다. 증여세 과세를 피해가기 위해서는 태어나자마자 2,000만원 증여, 10년 뒤 2,000만원, 20살 성인이 되었을 때 5,000만원, 그리고 30세에 5,000만원을 증여하고 신고를 하면 총 1억4000만원의 누적으로 증여를 할 수 있다.

    증여 신고를 한 후 금융상품 운용수익에 대해서는 증여 세금이 없다. 증여세 신고를 한 후 사회 통념상 인정되는 별도의 용돈은 추후에 과세가 안 된다고 하는 의견도 있으니 소명을 하기 위해서는 통장 이체 시 메모와 입학식, 졸업식 등에 할아버지, 부모, 친지로부터 받은 격려금 등을 그때그때 수시로 메모해놓고 준비하는 것이 좋다.

2장

퇴직연금 이해하기

대부분의 직장인이라면 성실히 일한 대가로 받는 인생의 제법 큰 돈이 퇴직금일 것이다. 퇴직연금제도는 회사가 근로자의 퇴직급여를 금융기관에 적립해 퇴직 후 안정적인 노후 준비가 가능할 수 있도록 한다. 자신의 퇴직연금을 잘 운용할 수 있는 효과적인 방법을 찾아보도록 하자.

10
퇴직금제도와
퇴직연금제도의 차이

퇴직금제도와 퇴직연금제도의 차이를 살펴보기 전에 먼저 퇴직금에 대해 알아보자. 퇴직금이란 근로자가 다니던 직장을 그만두었을 때 사용자(회사)로부터 받는 급여이다. 사용자는 계속 근로 기간이 1년 이상이고, 4주간을 평균하여 1주간의 소정 근로시간이 15시간 이상인 근로자에게는 근속년수 1년마다 30일 이상의 평균임금을 지급해야 한다. 계속 근로 기간은 근로계약 체결 시부터 근로계약이 해지될 때까지의 기간이다. 수습기간, 육아, 출산, 업무상 질병, 개인 질병 등 사용자의 승인을 받은 받은 기간을 포함한다. 무단결근, 근로자 귀책사유 휴직기간, 병역의무 기간은 포함되지 않는다.

퇴직금 계산에 있어 평균임금이란 퇴직 발생일 이전 3개월 동안에 그 근로자에게 지급된 세전 임금의 총액을 그 기간의 총 일수로 나눈 금액이다. 평균임금이 그 근로자의 통상임금보다 적을 경우에는 그 통상임금액을 평균임금으로 한다.

_퇴직연금제도 모집인 등록 교육 교재 <평균임금> 참조

〈근로자퇴직급여보장법〉에서는 근로자를 사용하는 모든 사업장의 사용자에게 퇴직급여제도를 설정하도록 요구하고 있다. 퇴직급여 제도에는 종전의 퇴직금제도와 퇴직연금제도가 있다. 퇴직연금제도에는 확정급여형퇴직연금제도(Defined Benefit, DB)와 확정기여형퇴직연금제도(Defined Contribution, DC), 중소기업퇴직연금기금제도 등이 있다.

퇴직연금제도는 근로자들의 노후소득 보장을 위해 근로자 재직 기간 중 사용자가 근로자의 퇴직급여를 금융기관에 적립하고, 이 적립금을 사용자(DB) 또는 근로자(DC)가 운용하다 55세 이후에 연금 또는 일시금으로 수령할 수 있도록 하는 제도이다.

근로자 입장에서 보면 퇴직 시 받는 퇴직금은 기존의 퇴직금제도와 퇴직연금제도의 확정급여형 (DB)제도에서 받는 금액은 같다. 근로자가 재직 중 쌓여 있는 퇴직금을 외부 금융기관에 위탁 운용으로 수급권이 보호될 수 있느냐가 퇴직금제도와 퇴직연금제도의 가장 큰 차이다.

기존 퇴직금제도에서의 퇴직금은 대부분 외부 금융사에 적립보다는 사내 유보가 많아 기업이 갑자기 도산하는 경우 근로자의 퇴직금 수급권이 보장되지 못한다는 단점이 있다. 사내유보는 기업 재무제표 상 종업원 퇴직급여 부채로 표시되고 재무안정성에도 영향을 미친다.

퇴직연금의 확정급여형제도는 근로자 전체의 퇴직금을 보험수리적 가정으로 계산한 금액을 2022년 1월 1일 이후부터는 100%를 사외 적립하도록 법으로 규정해놓고 있다.

* 보험수리적 가정이란 기업의 재무적 가정인 임금 인상율, 할인율(국채, 회사채 수익률 등을 기준)과 인구통계학적 가정인 퇴직율, 이직률, 장애율, 사망률 등을 적용해서 산출된 종업원 퇴직부채를 말한다.

퇴직연금에서는 근로자의 퇴직금에 대한 수급권을 법으로 정하고 있다. 퇴직연금제도 가입은 아직까지 강제 조항이 아니다. 퇴직연금제도로 하려면 노사협의 후 과반수 이상의 동의가 있어야 한다. 2022년 말 기준, 퇴직연금 가입율은 53.2%이고 적립금은 335.9조원이다.

채권자의 압류에 있어서도 퇴직금제도와 퇴직연금제도는 차이가 있다. 퇴직금제도의 퇴직금은 채무자의 재산목록에 포함되어 1/2은 압류대상이 된다. 근로자퇴직급여보장법 제7조 1항에 "퇴직연금제도의 DB, DC에 가입이 되어 있으면 퇴직연금제도의 급여를 받을 권리는 양도 또는 압류하거나 담보로 제공할 수 없다"고 나와 있다. 여기서 '퇴직연금제도'라고 명확하게 명시되어 있다. 따라서 퇴직연금제도에서의 퇴직금 전액은 채권자의 압류로부터 보호를 받아 채무자의 재산목록에 포함되지 않는다. 퇴직 이후 퇴직금을 IRP로 이전한 경우에도 퇴직금은 압류로부터 보호를 받는다는 점을 알아두자.

11

DB와 DC의 퇴직금 차이

퇴직연금에는 확정급여형 퇴직연금제도인 DB와 확정기여형 퇴직연금 제도인 DC가 있다. 각 상품의 특성을 알아보고 회사가 가입한 제도가 무엇인지, 그리고 자신에게 더 적합한 제도가 무엇인지 살펴보도록 하자.

확정급여형 퇴직연금제도
(DB : Defined Benefits Retirement Pension)

근로자가 퇴직할 때 받을 퇴직급여가 사전에 확정된 퇴직연금제도로, 사용자는 퇴직연금 부담금을 적립하여 사용자의 책임으로 운용한다.

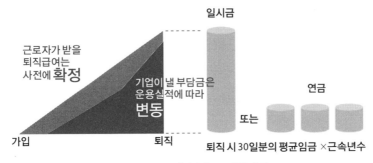

고용노동부, '퇴직연금 소개 화면' 중

DB형 퇴직금은 퇴직 시 평균임금 30일분×근속연수이다. 평균임금이 그 근로자의 통상임금보다 적을 경우에는 그 통상임금액을 평균임금으로 한다. 평균임금 산정 항목 중 임금총액은 산정 사유 발생일 이전 3개월 동안 근로의 대가로 지급되었거나 지급 사유가 발생되어 지급 받아야 될 금액으로 세액공제 전의 임금이다. 총 일수는 산정 사유 발생일 이전 3개월을 역으로 소급하여 계산한 기간의 일수로서, 해당월의 일수에 따라 80~92일이다.

$$평균임금\ 산정식 = \frac{산정사유\ 발생일\ 이전\ 3개월\ 임금\ 총액}{위\ 3개월\ 근무일\ 수(총\ 날짜\ 수)}$$

확정기여형 퇴직연금제도
(DC : Defind Contribution Retirement Pension)

사용자가 납입할 부담금이 매년 근로자 연간 임금총액의 1/12로 사전에 확정된 퇴직연금제도로, 근로자는 직접 자신의 퇴직연금 적립금을 운용하여 적립금과 운용수익을 퇴직급여로 지급 받는다.

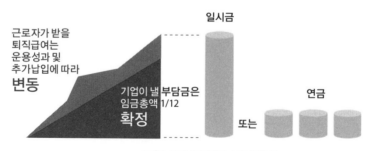

고용노동부, '퇴직연금 소개 화면' 중

DC로 운용 중인 근로자는 재직 시 사용자로부터 받은 퇴직금을 근로자 본인의 퇴직연금 DC계좌에서 본인이 직접 자산을 운용한 후 퇴직금 원금과 운용한 수익(손실)이 퇴직 시에 퇴직금이 된다.

국세청 소득세 집행기준 22-0-2(퇴직연금제도)에서도 "확정기여형 퇴직금의 경우는 퇴직연금 적립금의 운용 방식을 근로자 개개인의 선호를 반영하여 결정하고, 퇴직급여는 사용자가 매년 납부한 퇴직부담금에 운용수익을 더하여 결정된다"고 나와 있다.

퇴직금제도와 DB제도에서 DC형으로 전환 시 퇴직금

과거 적립분(목돈)+추후 납입분+운용수익(손실)=퇴직금이다. 과거 적립분이란 퇴직금제도와 DB형 제도에서 DC 전환 이전 쌓인 퇴직금이고 추후 납입분이란 연간 임금총액의 1/12이상의 DC부담금을 노사합의에 따른 퇴직연금 규약에 명시된 납입 방법으로 월납, 분기납, 반기납, 연납으로 하는 납입분을 말한다.

기존 퇴직금제도에서 기업이 과거 적립분을 줄 여력이 안되면 노사협의에 의해 과거 적립분은 유예시키고 추후 납입분만 DC형으로 전환할 수가 있다. 과거 적립분은 퇴직 시에 일괄 지급한다.

가입 초기부터 DC형으로만 가입 시 퇴직금

매년 근로자 연간 임금총액의 1/12 이상 부담금+운용수익(손실)=퇴직금이다

12

DC형 퇴직금은 누구에게 유리할까

먼저 퇴직연금 DC형 제도 선택에 대해 알아보자. 기존 퇴직금제도이거나 퇴직연금제도에서 DB로만 운영 중인 법인이 DC제도 도입을 하고자 하면 노사 합의를 거친 후 DC 규약을 만들고 고용노동부에 승인을 받아야만 근로자들이 DC형을 선택할 수가 있다.

DC 제도가 유리한 근로자는 임금피크 대상 근로자, 임금피크에 해당되지는 않지만 임금 인상이 정체 되었거나 인상률이 시중금리에 못 미칠 경우에는 DC로 전환하여 운용하는 게 좋다. 이외에도 근로자가 DC로 전환한 후 ETF 매매, 주식형펀드, 채권 운용 등으로 높은 수익을 올리고자 하는 경우가 있을 수 있고 법인이 일괄적으로 DC만 도입한 경우가 있다. 국내에 소재한 다수의 외국법인은 재무제표상 퇴직 부채를 없애기 위해 DC 가입을 원칙으로 하고 DC형으로의 전환 유도를 위해 DC 부담금을 1/12 이상 추가로 납입해주는 경우도 있다.

퇴직금제도 또는 DB 가입 근로자가 중도인출이 필요하면 DC로 전환하고 필요 자금을 인출한 후 이후 퇴직금은 DC로 입금되어 운용한다. 또한, 경영성과급 DC에 가입을 원하는 근로자는 전액 DC형으로 전환하거나 혼합형 DC제도를 선택해야 한다. 경영성과급 DC 도입은 규약 변경 후 고용노동부 승인을 받은 후에 시행할 수가 있다.

13

경영성과급 DC는
세금과 공적 보험료를 줄일 수 있다

경영성과급 DC란 노사간 합의에 의해 경영성과급을 퇴직연금 DC계좌로 납입할 수 있는 제도이다. 노후 준비도 하고 당해년도 근로소득세, 의료보험료 등을 줄일 수가 있는 장점이 있다.

여기서 말하는 경영성과급이란 회사의 경영성과 및 경영실적에 따라 지급 여부와 지급액이 결정되는 불확정적이고 변동적인 소득을 말한다. 퇴직급여 산정을 위한 평균임금과 DC 부담금 산정 시에 임금총액 범위에 포함되지 않아야 한다.

이러한 경영성과급을 급여계좌로 수령하면 당해년도 근로소득에 합산되어 근로소득세와 건강보험료, 장기요양보험료, 고용보험료 등이 올라간다. 경영성과급을 DC규약으로 정한 비율로 입금하면 세금, 보험료 공제 전 금액이 입금되고 향후 법정퇴직금에 합산된다. 퇴직 시 퇴직소득세로 과세되어 근속기간이 길면 퇴직소득세율도 낮아진다.

이를 연금으로 수령하면 퇴직소득세의 30~40%를 줄일 수 있는 장점도 있다. 노후 준비와 당해년도 근로소득세, 공적 보험료 절감 등을 위해 경영성과급 DC를 이용하는 회사가 많아지고 있다. 향후 퇴직소득은 퇴직 후 종합소득, 건강보험료 산정 기준에도 포함되지 않는다.

단, '공공기관의 경영평가 성과급은 임금의 범위에 포함되고 성과급 대상은 아니다'라는 고용노동부 지침이 있다. (2020년 7월 31일, 공공기관 경영평가성과급 퇴직급여운영에 관한 지침)

올해 초 받은 성과급을 경영성과급 DC에 입금이 가능할까

A인터내셔널 해외자원팀은 지난 해 성과가 좋아 올해 초 팀원 모두가 기본급의 300%를 성과급으로 받았다. 일부 직원은 노후대비와 근로소득세 절감을 위해 경영성과급 DC에 넣고자 한다.

경영성과급을 수령한다고 해서 언제든 누구나 성과급을 DC계좌에 입금할 수 있는 게 아니다. 회사에 경영성과급 DC제도가 도입이 되어 있어야 하고 도입이 되어 있더라도 도입 당시 경영성과급 가입 명부에 포함되어 있어야 한다. 경영성과급 DC를 도입하려면 노사 간 합의에 의해 경영성과급이 포함된 규약을 만들고 고용노동부에 신고, 승인이 완료되어야 한다. 기존 DC규약이 있으면 경영성과급 DC가 들어간 내용으로 수정 신고, 승인을 받으면 된다.

현재 A인터내셔널은 경영성과급 DC를 도입하지 않고 있다. 경영성과급 DC 도입을 원하는 임원 과 근로자의 수가 많다면 인사팀에서는 설명회를 거친 후 도입을 고려하기 위해 아래와 같은 절차가 필요하다.

경영성과급 DC를 도입하기 위한 절차를 알아보자

경영성과급 DC를 도입하려면 퇴직연금 규약에 납입 시기, 부담률, 산정 방식 등을 정하고 노사합의에 의해 규약 변경 후 관할 노동청에 신고, 승인을 받아야 한다. 새로 도입을 한다고 하면 DB제도에서는 혼합형 제도(DB+DC)로 변경해 입금이 가능하다.

경영성과급 납입비율을 30%로 정해 놓으면 경영성과급으로 받은 금액의 30%를 근로소득세, 의료보험료 등을 공제하기 전에 DC계좌로 납입을 한다.

경영성과급 도입을 위한 세법상(소득세법 시행규칙 제15조의 4) 필수 요건

- 퇴직급여제도(퇴직금, DB제도, DC제도) 가입자 모두가 대상이지만 경영성과급을 DC에 가입하겠다는 희망자에 한해 가능하다. 제도 설정일 또는 변경일에 경영성과급을 가입하지 않겠다고 선택하면 추후에 다시 가입할 수가 없다.
- 경영성과급 납입은 회사규약에서 정한 대로만 납입이 가능하다 가입 후에는 근로자가 임의로 경영성과급 납입여부, 비율변경 등을 선택, 변경할 수가 없다. 경영성과급 가입 희망자는 동일 비율이어야 한다. 경영성과급 30%를 한번 정해놓으면 계속해서 비율만큼 DC로 입금해야 한다. 근속년수에 따른 차등비율 설정은 가능하지만 직급별 차등 설정은 안 된다. 10년 미만 20%, 10년 이상 30%는 가능하지

만 사원 20%, 부장 50%는 안 된다. 단, 임원 40%, 사원은 20% 등으로 임원과 사원은 차등 적용이 가능하다.

- 반드시 DC계좌에만 적립해야 된다. 납입 이전에 DC제도에 가입이 되어야 하고 IRP계좌 적립은 안 된다. 퇴직금제도, DB제도를 계속 유지하고자 하는 가입자를 위해서는 혼합형 DC제도를 도입하여 운영하면 된다. 이를 규약에 추가하여 DB 99 : DC 1의 방법으로 설정해서 DC계좌에 경영성과급을 납입하면 된다.

- 경영성과급을 납입하기 전 또는 가입 중에 납입 거부가 가능하다. 단, 이 경우 다시 납입하는 것은 불가하다.

_ 고용노동부 근로자 퇴직연금 질의회시집 중 '경영성과급' 참조

경영성과급 DC 납입금도 중도인출이 가능할까

경영성과급 DC로 납입한 금액도 중도인출 사유에 해당되면 인출이 가능하다. 중도인출 시에는 퇴직소득세를 적용하고 향후 세액정산 특례 적용도 받을 수 있다. (세액정산 특례 적용은 p81 참조) 경영성과급이 DC로 입금되는 순간 퇴직급여보장법에 의한 퇴직금 규정이 적용된다. 혼합형 DC제도인 경우는 DC에 있는 잔고만 중도인출이 가능하다.

14
퇴직금 중간정산, 담보대출, 중도인출의 요건과 차이점

근로자퇴직급여보장법 제8조에는 사용자는 주택구입 등 대통령령으로 정한 사유로 인해 근로자가 요구하는 경우 해당 근로자의 계속 근로기간에 대한 퇴직금을 미리 정산하여 퇴직 전에 지급할 수 있다고 명시하고 있다.

이를 중간정산 또는 중도인출이라고 하는데, 근로자가 요구한다고 해서 가능한 것이 아니고 중도인출 사유에 해당이 되어야 인출이 가능하다. 중간정산 또는 중도인출로 퇴직금을 인출하게 하면 인출하기 이전 근속기간도 합산 적용되어 퇴직 시 세액정산 특례 적용을 받을 수 있다.

퇴직금제도에서는 중간정산, 퇴직연금 DB제도에서는 담보대출, 퇴직연금 DC제도에서는 중도인출로 구분해서 퇴직 전에 퇴직금을 인출할 수 있다.

퇴직금제도에서는 중간정산으로 인출할 수 있다

퇴직금제도에서 중간정산을 받기 위해서는 근로자의 요구와 사용자의 승인이라는 요건이 필요하다. 근로자의 요구가 없는 경우에 사용자가 일방적으로 실시한 퇴직금 중간정산은 유효한 중간정산으로 인정되지 않고, 근로자가 퇴직금 중간정산을 요청한다고 해서 사용자가 반드시 그 요청에 응해야 하는 것은 아니다. 사용자는 경영 상의 사유 등이 있으면 근로자의 중간정산 요구를 받아들이지 않아도 된다.

DB 가입자는 적립금의 50% 이내 담보대출로 인출할 수 있다

퇴직급여보장법 시행령 제2조 2항에 의하면 퇴직연금 담보제공 후 담보대출 한도는 퇴직연금 적립금의 50% 이내이다. 단, 사업주의 휴업 실시로 근로자의 임금이 감소하거나 재난으로 피해를 입은 경우로서 고용노동부 장관이 정하여 고시하는 사유와 요건에 해당하는 경우에는 가입자의 피해 정도 등을 고려하여 고용노동부 장관이 정하여 고시하는 한도를 적용한다.

퇴직급여는 압류가 불가능하여 금융기관에서 퇴직연금 담보대출에 대해서는 소극적이지만 퇴직급여보장법 제7조 2항에서는 담보대출 사유와 요건을 갖춘 경우에는 퇴직연금제도의 급여를 받을 권리를 담보로 제공할 수 있고 퇴직연금사업자는 급여를 담보로 한 대출이 이루어지도록 협조해야 한다고 명시하고 있다. 일부 공기업과 법인은 퇴직연금사업자와 업무협약 체결에 의해 DB 가입자 대상으로 담보대출을 제공하고 있지만 극

소수이다. 긴급 자금이 필요하면 DC로 전환한 후 중도인출을 신청하는 경우가 많다.

DC 가입자는 본인의 자산 범위 이내 중도인출할 수 있다

DC 가입자는 본인의 DC 계좌에 운용되는 자산의 범위 내 인출할 수 있다. 인출시점에 자산을 먼저 확인해봐야 한다. 원리금보장 상품의 중도해지이율, 펀드, 채권의 경우는 만기 전 매도 시 손실이 발생할 수도 있다는 점을 확인하고 DC운용자산의 범위에서 인출을 결정하면 된다.

중간정산, 담보대출, 중도인출 요건의 차이
(근로자 퇴직급여보장법 시행령 제2,3,14조)

- 무주택자인 가입자가 본인 명의(부부 공동 명의)로 주택을 구입하는 경우, 기존 주택을 매각한다면 신청 시점 무주택이면 가능하다. → 중간정산, 담보대출, 중도인출 공통
- 무주택인 가입자가 주거를 목적으로 전세금 및 전세보증금을 부담하는 경우, 동일한 사업장에 근무하는 동안 1회로 한정된다. → 중간정산, 담보대출, 중도인출 공통
- 가입자와 그 배우자, 본인/배우자의 부양가족이 소득세법에서 규정하는 6개월 이상 요양을 필요로 하는 질병이나 부상을 당한 경우 → 담보대출
- 가입자와 그 배우자, 본인/배우자의 부양가족이 6개월 이상 요양을

필요로 하는 질병이나 부상에 대한 의료비를 근로자(가입자)가 연간 임금총액의 12.5% 한도를 초과하여 부담하는 경우 → 중간정산, 중도인출

- 담보 제공하는 날, 중간정산, 중도인출을 신청하는 날부터 거꾸로 계산하여 5년 이내 가입자가 파산선고를 받거나 개인회생절차개시 결정을 받은 경우 → 담보대출, 중간정산, 중도인출 공통
- 가입자 본인 및 배우자, 본인/배우자의 부양가족의 대학등록금, 혼례비, 장례비를 가입자가 부담하는 경우 → 담보대출
- 사업주의 휴업 실시로 근로자의 임금(자영업자는 매출액)이 직전 월 또는 직전 3개월 평균 대비 30% 이상 감소하거나 임금이 직전 년도 월 평균임금에 비하여 30% 이상 감소하는 경우 → 담보대출
- 재난으로 인하여 주거 가옥이 손상되거나 배우자 및 부양가족이 실종된 경우 또는 가입자가가 15일 이상 입원치료를 요하는 피해를 입은 경우 → 담보대출, 중간정산
- 사업주의 휴업실시로 근로자의 임금이 감소하거나 재난으로 피해를 입은 경우로서 고용노동부장관이 정하는 고시와 사유에 해당될 시 → 중도인출
- 사용자가 기존의 정년을 연장하거나 보장하는 조건으로 임금을 줄이는 제도를 시행하는 경우(임금피크제) → 중간정산
- 사용자가 근로자와의 합의에 따라 소정 근로시간을 1일 1시간 또는 1주 5시간 이상 변경하여 그 변경된 소정근로시간에 따라 근로자가 3개월 이상 계속 근로하기로 한 경우 → 중간정산
- 주 52시간 근무제 시행에 따른 근로시간의 단축으로 근로자의 퇴직

금이 감소되는 경우 → 중간정산

- 사업주의 휴업 실시로 근로자의 임금이 직전 월 또는 직전 3개월 평균 대비 30% 이상 감소하거나 임금이 직전년도 월 평균임금에 비해 30% 이상 감소한 경우 → 담보대출
- 퇴직연금제도의 급여를 받을 권리를 담보로 제공하고 대출을 받은 가입자가 그 대출 원리금을 상환하기 위한 경우, 중도인출은 대출원리금의 상환에 필요한 금액 이하여야 한다. → 중도인출

DC에서 중도인출 후 남은 돈을 다시 입금할 수 있을까

DC계좌로 재입금은 할 수가 없고 60일 이내 IRP계좌로 입금할 수 있다. 퇴직금 중도인출은 중간정산에 해당하므로 근로자퇴직급여보장법에서 '퇴직금 중간정산을 받은 자는 개인퇴직계좌를 설정하고 동 중간정산금을 적립, 운용할 수 있다'고 명시하고 있다. 근로자와 회사는 아래의 방법으로 진행하면 된다.

- IRP계좌 입금 시 과세이연계좌신고서 작성, 작성 시 입금비율을 고려한다.
- IRP계좌 개설 금융회사가 가입자의 회사로 퇴직소득세 환급 요청사항을 전달한다.
- 소속 회사에서는 과세이연 요건을 확인한 후 퇴직소득원천징수영수증을 최종 재작성하여 퇴직소득세 환급액과 같이 금융회사로 발송, 입금하는 순서로 진행된다.

15

주택자금으로 중도인출할 경우
확인할 것들

통계청이 발표한 2021년 '퇴직연금통계 결과'에 의하면 퇴직연금 중도인출 인원은 5만 5천명이고 중도인출금액은 1조 9,000억원으로 나와 있다. 이 중 주택구입 비중이 54.4%, 전세 보증금 마련 임차가 27.2%로 주거 문제로 차지하는 중도인출 비율이 80%를 넘는다. 한국의 높은 주거 비용이 미래의 노후자금을 앞당겨 쓰는 결과를 보여주고 있어 안타깝다.

퇴직금(퇴직연금)에서 주택 관련 중도인출을 위한 조건

무주택자인 가입자가 본인 명의로 주택을 구입하는 경우와 무주택자인 가입자가 주거 목적으로 《민법》 제303조에 따른 전세금 또는 '주택임대차보호법' 제3조의2에 따른 보증금을 부담하는 경우, 임대차계약상 보증금으로 전세보증금뿐만 아니라 월세보증금도 포함한다. DC가입자는 주택 구입을 제외한 보증금 인출은 동일한 사업장에 근로하는 동안 1회만 가능하다. 단, IRP제도 및 중소기업퇴직연금 기금제도의 가입자부담금

계정의 경우에는 횟수 제한이 없다.

무주택자 판단은 중간정산(중도인출) 시점에 가입자(근로자) 본인 명의로 소유하고 있는 주택이 없는 경우를 말하며, 부부공동명의, 형제공동명의 등 가입자 본인이 등재된 주택이 있으면 무주택자가 아니다.

주택 구입 여부에 관한 판단은 근로자(가입자) 본인명의 또는 부부 공동명의로 주택을 구입하는 경우를 의미하므로, 배우자 단독 명의로 주택을 구입하는 경우는 신청이 불가하다. 보유주택의 매도일과 새로운 주택의 매수일이 동일한 경우에는 해당 일자를 기준으로 주택의 종류를 달리하여 보유하고 있는 것으로 보아 중간정산(중도인출)을 할 수 없다.

오피스텔은 주택이 아니어서 원칙적으로 중도인출이 허용되지 않지만 건축물 용도가 주택(주거용)으로 명시되어 있거나 주택으로 인정되어 과세된 주거용 오피스텔을 구입하는 경우에는 예외적으로 중도인출이 가능하다. 주거용으로 과세된 오피스텔을 소유하고 있는 경우에는 무주택자라고 볼 수 없어 퇴직급여 중간정산(중도인출) 사유에 해당하지 않는다. 중개인이 없는 매도 매수인 간 매매 및 전월세의 직거래 계약 시 퇴직연금사업자는 매매계약서와 잔금지급 영수증 등을 추가로 확인하고 계약의 유효성 및 진위 여부를 판단해야 한다.

무주택자 여부 확인을 위해 현거주지 주민등록등본, 현거주지 건물등기부등본 또는 건축물 관리대장등본, 재산세 (미)과세증명서를 첨부해서 제출해야 한다. 재산세 (미)과세증명서는 지방자치단체에서 서류 발급한다.

주택구입 여부 확인 서류

- 주택 신축 시 : 건축설계서 및 공사계약서, 건축허가서 또는 착공신고 필증
- 경매 낙찰 시 : 낙찰(매각) 허가 결정문(부동산의 표시 포함), 대금지급 기한 통지서
- 주택 구입 시 : 부동산 매매계약서(분양계약서(동/호수 포함))
- 등기 후 신청 시 : 소유권 이전 등기 후 1개월 이내에 신청, 구입 주택에 대한 건물등기부등본 또는 건축물관리대장 등으로 주택 구입 확인

전세금 또는 임차보증금 필요 여부 확인 서류

- 전세 및 임대차계약서
- 잔금 지급 후 신청 시 : 잔금 지급 후 1개월 이내에 신청해야 하고, 전세금(임차보증금) 지급 영수증(사본) 등을 제출

전세금 또는 임차보증금 신청 시 동일한 장소에서 증액 없이 전세계약 기간 단순 연장의 경우는 불가하다. 전세금(임차보증금)을 인상하는 내용으로 새로 계약을 체결하는 경우에만 중도인출이 가능하다. 주택임대차계약 체결일부터 전세금(임차보증금) 잔금 지급일 이후 1개월 이내에 신청해야 하고 무주택자 여부 확인서는 주택구입 자금 인출과 같다.

주택자금 관련 중도인출 시 적용 세율

- 재직 중 주택 구입 (전세, 임차)자금을 DC계좌에서 인출 시 퇴직소득세는 100% 적용한다.

- 퇴직 후 IRP계좌에서 55세 이전 인출 시는 IRP계좌 내 개인 납입금과 퇴직금이 같이 있을 경우는 주택자금으로 중도인출이 가능하고 부분 해지도 된다. 퇴직금에 대한 인출은 퇴직소득세 100%, 개인 납입금은 16.5% 과세를 적용한다.

- 55세 이후 IRP계좌에서는 주택자금 용도로 중도인출 사유 적용이 안 된다. 인출 시 연간 연금수령한도 이내는 퇴직소득세 30(40)% 감면, 연금수령한도 외는 퇴직소득세 100% 적용한다.

_고용노동부 퇴직급여 질의회시집 중 '주택자금 인출' 참조

16
본인과 부양가족 의료비 인출에
필요한 조건

    은퇴 전이거나 후, 집안에 우환이 생겨 큰 치료에 필요한 의료비는 누구에게나 찾아올 수 있다.

    이런 불가피한 목돈의 의료비에 대해 퇴직연금과 연금저축계좌에서는 중도인출을 허용하고 있다. 예전에는 6개월 이상 요양, 치료 등 의사소견서만 있으면 퇴직연금에서 의료비 중도인출이 쉽게, 전액 가능하였다. 하지만, 너무 무분별한 중도인출로 노후연금이라는 퇴직연금 취지에 벗어나자 2020년 3월 근로자퇴직급여보장법 개정을 통해 의료비 인출 조건을 강화하였다.

    의료비 인출은 근로자퇴직급여보장법의 중간정산, 중도인출, 담보대출의 방법과 소득세법에 의한 부득이한 인출방법 등이 있다.

    퇴직급여보장법상 중도인출(중간정산)과 세법 상 부득이한 의료비 인출을 위해 가입자가 부담하는 진료, 요양비의 내용은 소득세법 시행령 제118조의5 제1항 및 제2항에 따른 의료비로 명확하게 규정하고 있다.

소득세법 시행령에 따른 의료비의 종류

• 진찰·치료·질병 예방을 위하여 〈의료법〉 제3조에 따른 의료기관에 지급한 비용

• 치료·요양을 위하여 〈약사법〉 제2조에 따른 의약품(한약을 포함한다.)을 구입하고 지급하는 비용

• 장애인 보호장구 및 의사·치과의사·한의사 등의 처방에 따라 의료기기를 직접 구입하거나 임차하기 위하여 지출한 비용

• 시력보정용 안경 또는 콘택트렌즈, 보청기를 구입하기 위하여 지출한 비용

• 〈노인장기요양보험법〉 제40조 제1항 및 같은 조 제2항 제3호에 따른 장기요양급여에 대한 비용으로서 실제 지출한 본인 일부 부담금

• 해당 과세기간의 총 급여액이 7천만 원 이하인 근로자가 〈모자보건법〉 제2조 제10호에 따른 산후조리원에 산후조리 및 요양의 대가로 지급하는 비용으로서 출산 1회당 200만 원 이내의 금액

• 미용·성형수술을 위한 비용 및 건강증진을 위한 의약품 구입 비용, 실손의료보험금으로 지급받은 금액은 미포함 등으로 범위를 정하고 있다

퇴직급여보장법에 의한 의료비 인출 (6개월 이상 치료, 요양이 전제 조건)

구분	의료비 인출 사유	인출 방법	한도
퇴직금 제도	근로자와 배우자, 그 부양가족이 6개월 이상 요양을 필요로 하는 질병이나 부상에 대한 의료비를 해당 근로자가 본인의 연간 임금총액의 12.5%를 초과하여 부담하는 경우 퇴직금 중간정산제도는 '근로자의 요구'와 '사용자의 승낙'이 필요	중간정산	퇴직금 중 간정산 범위 내 한도제한 없음
퇴직연금 DB제도	가입자와 배우자, 그 부양가족이 소득세법에서 규정하는 6개월 이상 요양을 필요로 하는 질병이나 부상에 대한 의료비를 가입자가 부담하는 경우	DB 담보대출	적립금의 50% 내 담보대출
퇴직연금 DC제도	가입자와 배우자, 그 부양가족이 소득세법에서 규정하는 6개월 이상 요양을 필요로 하는 질병이나 부상에 대한 의료비를 가입자 본인의 연간 임금총액의 12.5%를 초과한 의료비를 부담하는 경우	DC 중도인출	DC 잔고 전액까지
IRP	퇴직 후 근로소득이 없는 경우 : 6개월 이상 요양을 필요로 하는 질병이나 부상에 대한 의료비 지출을 입증하면 중도인출 가능하다. 퇴직 후 연간임금 총액 적용 안 받는다. 퇴직 후 개인납입금과 퇴직금이 합쳐져 있는 경우 : -55세 이전 : 전액 해지가 아닌 의료비만 중도인출로 부분 해지 가능. 세법상 부득이한 인출 사유에 해당되면 퇴직소득세 70%, 개인납입액 5.5% 적용 -55세 이후 : 연금수령한도 초과한 의료비 인출은 세법상 부득이한 인출에 해당 퇴직소득세 30~ 40% 감면, 개인납입, 운용수익금은 5.5~3.3% 적용		

◆ 신청 시기는 중도인출(중간정산) 신청 시점에 질병 또는 부상 등으로 요양 중이거나 요양이 종료되어야 한다. 다만, 요양중인 경우에는 이전의 의료비 지출액과 지출이 확정된 의료비의 합산액이 연간 임금총액의 1천분의 125를 초과한 때에 신청할 수 있으며, 요양이 종료된 경우에는 요양종료일부터 1개월 이내에 신청이 가능하다.

6개월 이상 요양이 필요한 의료행위, 의료비를 증빙하는 서류

(고용노동부 예시)

- 진단서 또는 장기요양인정서 등 의료기관이나 건강보험공단에서 발급한 문서로 6개월 이상의 요양이 필요하다는 의료행위가 입증되는

서류

예)의료기관이 발급한 진단서, 상해진단서, 장기요양기관이 발급한 의사소견서, 장기요양인정서 등

- 법정 서식이 없는 소견서, 입퇴원확인서 등도 환자명 등 환자를 특정할 정보와 함께 작성 의사 또는 의료기관이 확인되는 경우
- 의료비 지출을 증빙하는 서류로 의료기관 등에서 발급한 영수증, 진료비납입확인서, 진료비세부 산정내역서 등

예)병원에서 발급한 진료비 계산서·영수증, 간이 외래진료비계산서, 진료비(약제비), 납입확인서, 진료비세부 산정내역, 약국에서 발급한 약제비 계산서·영수증, 장기요양기관에서 발급한 장기요양급여비용 명세서, 장기요양급여비 납부확인서

*참고로 진단서 등 의료행위 증빙서류와 의료비 지출 증빙서류는 환자의 인적사항과 질병번호가 동일하여야 한다. 다만, 약제비 계산서와 같이 서식상 질병번호가 기재되지 않는 경우에는 진단서 등 의료행위 증빙서류를 반드시 첨부토록 하여 관련 의료행위가 진행됨을 확인하고, 진단서와 진료비 계산서·영수증에 기재된 질병코드가 다른 경우(상이한 기호체계 사용)에는 진단서의 진단 일시와 계산서·영수증의 진료 기간을 비교하는 등 추가 확인을 거쳐 의료행위와 진료비 연관성을 파악한다.

- 의료비의 합산액은 가입자(근로자) 본인의 의료비 부담이 입증되는 경우로 건강보험공단 부담금을 제외한 전액 본인부담과 일부 본인부담을 합한 금액이다

- 연간 임금총액은 직전년도 임금의 총액으로 산정하되 중도인출 신청일부터 직전 1년간의 임금총액이 직전년도 임금총액보다 낮음을 증빙하는 경우에는 신청일부터 직전 1년간 지급받은 임금의 총액을 연간 임금총액으로 산정한다. 계속근로기간 1년 미만 근로자도 퇴직급여를 지급하도록 정한 경우, 해당 근로자도 중도인출 사유를 입증하면 의료비 중도인출이 가능하다. 1년 미만은 연간 임금총액은 월평균 임금×12로 한다.

* 의료비 연간 임금총액 12.5% 초과 적용 : 퇴직금 중간정산, DC/IRP에서 중도인출 의료비

* 연간 임금총액 미적용 : 퇴직연금 담보대출, 소득이 없는(은퇴자) IRP 계좌 인출, 중소기업퇴직연금기금제도의 가입자부담금 계정의 경우, 연금저축계좌

- 부양가족이란 〈소득세법〉 제50조 제1항에 따른 부양가족을 말하며, 이때 부양가족의 소득수준은 고려하지 않는다. 근로자(또는 그 배우자)의 60세 이상 직계존속, 20세 이하의 직계비속 또는 동거 입양자, 20세 이하 또는 60세 이상인 형제자매, 〈국민기초생활보장법〉에 따른 기초생활 수급자, 〈아동복지법〉에 따라 가정위탁을 받아 양육하는 아동이 해당된다.

* 상기 열거한 부양가족이 〈소득세법 시행령〉 제107조에 따른 장애인에 해당하는 경우 나이 제한이 없으며 장애인 증빙을 위한 서류 (소득세법시행규칙

별지 제38호서식)를 제출하고 '생계를 같이하는' 부양가족에 대한 판단은 주민등록표의 동거가족으로서 해당 거주자의 주소, 또는 거소에서 현실적으로 생계를 같이하는 사람이어야 한다.

- 6개월 이상의 요양에 대한 의료비 중도인출은 별도의 횟수제한이 없으므로 중도인출 이후 추가로 다시 중도인출도 가능하다.
  예) 전체 요양기간 : 20.2월 ~ 20.9월(8개월), 7월에 최초 중도인출을 신청했지만 8,9월 의료비가 연간 임금총액의 12.5%를 초과하면 종료일 1개월 이내 추가로 중도인출이 가능하다.
- 입원치료, 통원치료, 약물치료 기간도 요양기간으로 보며, 임플란트 등 치과치료의 경우에도 임플란트가 6개월 이상 지속적 치료가 필요하다는 의사진단서 제출 시 가능하다.
- 퇴직금 중간정산은 '근로자의 요구'와 '사용자의 승낙'이라는 요건을 필요로 하며, 퇴직금제도에서 의료비 인출 중간정산도 사용자가 승낙해야만 가능하다.

세법상 부득이한 의료비 인출

- 의료비 인출은 위에서 살펴본 〈퇴직급여보장법〉에 열거한 내용과 소득세법시행령 제20조의2에 의한 부득이한 의료비 인출로 나누어진다.
- 소득세법 시행령 제20조의2 의료목적 또는 부득이한 인출 중 의료목적의 주된 내용은 연금수령요건을 갖춘 연금계좌에서 가입자 또는 그 부양가족이 3개월 이상의 요양이 필요한 경우, 아래의 금액에

대해서는 연간 1,500만원을 초과하더라도 종합과세 해당이 안 되고 5.5~3.3%만 과세된다. 세법상 부득이한 의료비 범위는 위에서 언급한 소득세법 시행령에 따른 의료비의 종류와 같다.

- 세법 시행규칙 제11조의2에서 3개월 이상 요양 사유로 인출할 수 있는 금액은 ①200만원+②의료비·간병인 비용 등 입증 가능한 실제 소요금액+③휴직·휴업 기간(월)×150만원으로 규정하고 있다. 사유가 확인된 날로부터 6개월 이내 금융회사에 제출하면 된다. 간병비의 경우 간병인의 이름, 생년월일 등 인적사항이 기재된 간병료 영수증이 첨부되어야 한다.

- 퇴직금제도와 DB, DC, IRP에서 의료비 인출은 근로자퇴직급여보장법 적용으로 6개월 이상 요양, 질병치료, 연간 임금총액 12.5% 등의 기준을 적용 받고, 연금저축에서 의료비 인출은 세법상 부득이한 인출로 3개월 이상 요양, 질병치료, 간병비 등이 포함된다.

_ 고용노동부 근로자 퇴직급여 질의회시집 중 '의료비 인출' 참조

17

DC, IRP, 연금저축에서
인출할 수 있는 의료비의 차이

연금계좌의 종류에 따라 의료비 인출에는 차이점이 있다. 아래의 사례를 통해 알아보자

사례1. 회사 근무 중인 54세 A씨가 DC계좌에서 의료비를 인출할 경우

- L상사 재직 중 2022년도 연봉 9,000만원

- 2023년 2~9월, 8개월간 의료비 1,200만원 지출(수술, 약제비 등 900만원, 간병비 300만원)

- 퇴직연금 DC로 운용 중, DC 잔고 1억, 현재 중도인출시 퇴직소득세 10%

- IRP 잔고 5천만원 (이전 회사 퇴직금 3천만원, 퇴직소득세10%, 개인납 입금 2천만원)

- 연금저축 잔고 3,000만원

Q 6개월 이상 치료, 요양으로 DC에서 의료비 중도인출이 가능할까?

A DC/IRP에서 의료비 중도인출 기준은 6개월 이상 치료, 요양과 2022년 연봉 9,000만원의 12.5% 초과금액 1,125만원을 지출한 의료비를 본인이 부담한 경우이다. 근로자퇴직급여보장법상 의료비 중도인출에 간병비는 포함되지 않는다. 수술비, 약제비 합이 900만원으로, 인출 기준 1,125만원에 미달하여 신청할 수가 없다. 현재 소득이 있으니 IRP계좌에서도 연간 임금총액 한도 기준이 적용되어 인출할 수가 없다.

연금저축에서는 가능하다. 연금저축에서는 의료비에 간병비도 포함되어 1,200만원을 소득세법상 부득이한 인출로 가능하고 세금도 연금소득세 5.5%만 적용된다.

DC에서 중도인출이 가능하다고 했으면 경력직 입사로 근속기간이 짧아 퇴직소득세도 10%이다. 추후 계속 근무 시 중간정산 특례 적용이 되겠지만, 현 시점에서는 연금저축에서 인출하는 게 세율면에서 유리하다.

사례2. 조기 퇴직한 54세 B씨가 IRP계좌에서 의료비를 인출할 경우

- 2023년 2~9월, 8개월간 의료비 800만원 지출(수술, 약제비 등 600만원, 간병비 200만원)
- IRP 잔고 1억5천만원, 퇴직소득세 10%
- 연금저축 잔고 5,000만원

Q 6개월 이상 치료, 요양으로 IRP에서 의료비 중도인출이 가능할까?

A B씨는 현재 소득이 없어 IRP에서 의료비 인출 시 소득기준 적용은 받지 않는다. IRP에서 의료비 인출요건인 6개월 이상의 치료, 요양을 갖추었다. 세법상 부득이한 인출 조건도 해당된다. 의료비 600만원, 기본

200만원, 휴직월수×150만원을 최대한 인출할 수 있으나 B씨는 의료비 600만원과 기본 200만원을 합하여 800만원만 인출하기로 했다. 800만원×10%(퇴직소득세)×0.7 (소득세법상 부득이한 인출은 연금소득으로 인정되고 퇴직소득세 30%가 절감된다)로 계산하면 56만원을 제하고 744만원을 인출할 수 있다.

B씨의 치료, 요양기간이 3개월이라면 IRP에서 인출할 수가 없고 연금저축에서만 인출해야 한다.

연금저축에서도 의료비 600만원, 간병비 200만원 해서 800만원만 인출하기로 했다면 800만원×5.5%(연금소득세)는 44만원을 제하고 756만원을 찾을 수 있다.

이처럼, 퇴직금 재원인 DC, IRP계좌에서의 인출과 연금저축에서의 인출에는 각각 적용되는 세율에 차이가 있으므로 잘 확인해보고 자신에게 유리한 쪽으로 진행하도록 한다.

_ 한국FP협회,《연금상담전문가》 중 '의료연금계좌의 인출과 사례' 참조

18
의료비 전용 연금계좌에는
우리가 모르는 혜택이 있다

의료비 전용 연금계좌란 가입자 본인이 55세 이후, 연금수령요건이 갖추어진 연금계좌에서 본인을 위한 의료비를 지출을 할 경우에 하나의 연금계좌를 의료비 연금계좌로 지정하여 인출할 수가 있다.

_ 소득세법 시행령 제20조의2, 의료목적 또는 부득이한 인출의 요건

이 경우 연금취급사업자가 의료비 연금계좌 지정에 동의해야 한다. 여기서는 3개월, 6개월이라는 요양기간과 연간 임금총액의 12.5%라는 조건이 필요 없다.

55세 이후 본인의 건강상태에 따라 본인 의료비 지출이 많으면 의료비 전용 연금계좌를 지정할 필요가 있다. 의료비 전용 연금계좌를 지정한 후 의료비를 지급하고 증빙을 6개월 이내 연금계좌 취급 사업자에게 제출하면 연간 1,500만원을 초과하더라도 세법상 부득이한 인출로 인정되어 연금소득세 5.5~3.3%만 과세하고 종합소득에 포함되지 않는다.

의료비 범위에는 진찰, 치료, 질병 예방비용에 건강검진 비용도 포함되니 의료비 지출이 많으면 연금저축 계좌 중 하나를 의료비 전용 연금계좌로 지정해 놓으면 낮은 과세로 인출이 가능하다.

IRP, 연금저축 계좌에서 의료비 요건을 갖춘 의료비 인출은 연간 연금소득 한도 1,500만원에 포함되지 않는다. IRP는 근로자퇴직급여보장법 기준의 의료비 인출 범위, 연금저축 계좌는 세법에서 정한 의료비 인출 기준을 충족해야 된다. 퇴직 후 IRP 자산 중 퇴직금 재원에서 인출되는 의료비의 경우는 연금수령으로 간주하고 퇴직소득세 감면을 한다. 연금수령한도 계산에도 포함되지 않는다.

건강이 최고의 자산이라는 건 두말할 나위가 없다. 예기치 않은 질병과 상해가 자신과 가족에게 언제든 찾아올 수 있다. 치료를 위해 진료, 약제비, 의료기구 등 의외로 많은 돈이 들어갈 수가 있는데 여윳돈이 충분치 않으면 불가피하게 은퇴 전 퇴직금에서 인출하고자 하는 사람들이 많다. 나이가 들면 밥값보다 약값이 더 들어간다고 한다. 은퇴 후 나이가 들면 의료비 지출은 더욱 늘어난다.

국민건강보험 통계에 따르면 2021년 기준 전체 인구 1인당 연평균 진료비는 186만원이나 65세 이상 인구 1인당 연평균 진료비는 497만원으로 약 2.67배 수준이라고 한다. 민영건강보험인 실손보험에서 충당하는 방법 등이 있겠지만, 나이가 들면 가입 심사에서 거절당할 수도 있고, 가입이 되더라도 높은 보험료로 경제적 부담이 될 수도 있다.

이를 보완하고자, 2013년 '노후의료비 보장을 위한 보험상품 도입방안 공청회'에서 DC, IRP, 연금저축계좌에 추가로 의료비저축계좌를 도입하자는 내용이 제안되었지만, 정부측에서는 비용 및 효과에 대한 검토 부족, 의료저축계좌의 납입과 인출에 대한 세제 혜택이 여유 있는 일부 계층에게만 혜택이 돌아간다는 불만이 있을 수 있다고 판단하여, 그 대안으로 2014년 2월 21일부터 소득세법시행령 개정을 통해 현재 연금계좌에서 의료목적으로 한 인출금액은 연금 소득세 적용 수령한도 연간 1,500만원을 초과하더라도 연금수령으로 인정, 연금소득으로만 과세(연 3.3~5.5%)할 수 있게끔 소득세법 시행령을 개정 시행하고 있다. 하지만, 홍보 부족 등으로 활성화되고 있지는 못하다.

_ 보험연구원, <노후의료비재원 마련을 위한 사전적립제도 현황 보고서>(2023.6) 중

의료비 인출 정리

IRP, 연금저축계좌에서 연간 연금소득 한도 1,500만원에는 의료비 인출은 포함되지 않는다

IRP, 연금저축에서 의료비로 인출한 금액은 연금소득 한도 계산에 포함이 안 된다.

회사 재직 중에는 중간정산, 담보대출, 중도인출 가능하다

6개월 이상 치료, 요양이 필수이고 중간정산, 중도인출은 연간 임금총액의 12.5%초과시에만 가능하고, 담보대출은 연간 임금총액의 12.5% 초과 기준 적용없이 퇴직연금 적립금의 50% 이내에서 인출이 가능하다.

퇴직 후 본인과 부양가족이 6개월 이상 요양으로 인한 의료비를 IRP에서 인출 시

55세 이전은 개인납입금과 퇴직금이 합쳐져 있는 IRP 계좌에서 인출할 경우 퇴직급여보장법에 의한 중도인출 사유에 해당되므로 의료비에 대해 부분 인출이 가능하고 소득이 없으면 연간임금 총액 기준 적용이 안 된다. 퇴직금부터 먼저 인출이 되고 세법상 부득이한 인출에 해당되어 퇴직소득세 30% 감면 적용이 가능하다.

55세 이후 IRP계좌의 퇴직금에서 인출할 경우 발생한 의료비에 대해서는 연간 연금수령한도를 초과하더라도 실제 연금수령기간 10년 이내는 퇴직소득세×30% 감면, 10년 이후에는 40% 감면 적용이 된다. 소득이 없으면 연간임금총액 기준 적용이 안 된다.

본인, 부인, 부양가족이 3개월 이상 요양으로 의료비가 발생할 경우

3개월 이상 요양은 소득세법상 부득이한 인출로 연금저축에서만 가능하다. 아래의 범위 금액에 대해 인출이 가능하다.

①200만원+②의료비·간병인 비용 등 입증 가능한 실제 소요금액+③휴직·휴업 기간(월)×150만원 한도 인출 시 연간 1,500만원을 초과하더라도 5.5~3.3%만 과세한다.

55세 이후 본인 의료비에 대해 의료비전용 연금계좌를 지정

55세 이후 연금수령요건을 갖춘 연금계좌 중 1개를 의료비전용 연금계좌로 지정하면 성형, 미용 등의 원인을 제외한 대부분 의료비 인출 금액에 대해서는 5.5~3.3%만 과세하고 연간 1,500만원에 포함이 안 된다. 연금소득자들의 의료비 인출에 대한 세 부담을 완화할 수 있도록 하였다. 여기서는 3, 6개월 요양기간 조건 등이 필요 없다.

저출산, 고령화 문제로 의료계에도 경고등이 켜졌다

고령화로 의료 비용은 증가하는 반면, 건강보험료를 낼 생산인구는 적어져 병원 가기도 어려워지는 시대가 올 것이라고 한다. 2023년 4월, 신현웅 한국보건사회연구원 선임연구위원은 "초고령화와 저출산으로 건강보험료를 낼 사람은 적어지는데, 쓸 사람은 많아져 건강보험 재정 악화가 우려된다"며 "만일 돈이 없다면 지금과 달리 꼭 필요한 경우에만 병원에 가는 의료체계로 가야 할 수도 있다"고 밝혔다.

이제 노후 연금 준비는 필수이고, 가급적 빠른 시간에 노후 의료비 준비도 필요한 날이 다가오고 있는 현실이다.

19

퇴직 위로금(명예 퇴직금)과 퇴직금은
각각 수령 가능할까

퇴직금은 법정퇴직금과 법정 외 퇴직금으로 구분한다. 퇴직 위로금, 명예 퇴직금은 법정 외 퇴직금으로 분류된다. 법정 외 퇴직금 수령은 연령에 상관없이 IRP, 연금저축계좌, 일반계좌로도 수령이 가능하다.

법정퇴직금은 IRP로 받아 노후 연금으로 수령하고 법정 외 퇴직금은 일시에 찾고자 하면 연령 상관 없이 IRP, 연금저축계좌, 일반계좌로 각각 수령이 가능하다.

55세 미만인 경우에 법정 외 퇴직금을 일시에 찾고자 하면 분리해서 받는 것이 좋다. 분리해서 받으려고 하면 소속회사 급여팀에 별도로 요청을 해야 한다. 법정 외 퇴직금도 IRP, 연금저축으로 받으면 과세이연이 된다. 55세 이후 IRP, 연금저축으로 수령 후 연금수령연차를 적용 받아 일시 출금하면 퇴직소득세를 조금이라도 줄일 수 있다.

더 자세한 내용은 사례를 통해 p104에서 추가로 설명한다.

20
퇴직소득세 세액정산 특례 신청은 본인이 해야 한다

회사 재직 중 중도인출 또는 중간정산, 임원 승진, 계열사 전출 시 수령한 퇴직금은 세액정산 합산 특례 적용을 받을 수 있다. 이미 수령한 퇴직소득원천징수영수증을 당사자가 제출하는 경우에 이미 받은 퇴직금과 최종 퇴직금을 합산한 금액에 대한 퇴직소득세를 산출, 정산해서 본인에게 유리한 것을 적용받을 수 있다. 퇴직소득세 정산 특례로 합산한 경우가 유리하다면 중간정산 때 납입한 세금은 이미 납부 세액으로 차감되므로 차액만 세금으로 납부하면 된다.

소득세법 제 148조 퇴직소득에 대한 세액정산 등 1항에서는 '퇴직자가 퇴직소득을 지급받을 때 이미 지급받은 퇴직소득에 대한 원천징수영수증을 원천징수의무자에게 제출하는 경우 원천징수의무자는 퇴직자에게 이미 지급된 퇴직소득과 자기가 지급할 퇴직소득을 합계한 금액에 대하여 정산한 소득세를 원천징수해야 한다'고 명시하고 있다. '퇴직자'가 제출하는 경우로 명확히 규정하고 있다.

중간정산 받은 퇴직금에 대한 퇴직소득원천징수영수증과 관련서류는 퇴직자 본인이 원천징수 의무자에게 제출해야 하므로 과거 정산받은 서류는 잘 보관해야 한다.

퇴직소득 세액정산 특례 신청이 가능한 사유는 다음과 같다.

1. 동일한 회사에서 근무 중 과거에 받았던 중간지급 퇴직금과 중도인출 퇴직금
2. 임원 승진 시 받은 퇴직금
3. 비정규직 근로자의 정규직 전환 시 받은 퇴직금
4. 계열사 내 전출, 회사 간 합병, 분할, 사업양수도 등 현실적인 퇴직의 사유로 받았던 퇴직금

이 가운데 3과 4의 경우는 퇴직금 승계가 가능하지만, 불가피하게 퇴직금 정산을 받았을 수도 있다. 1~3은 중간정산 후 퇴직소득원천징수영수증은 소속회사에서 보관하고 있지만 4의 경우는 이전 회사에서 퇴직 처리하여 퇴직금을 받았을 경우에는 퇴직소득원천징수영수증과 회사 간 합병, 분할 등 관련 공문이나 계약서, 금융감독원 전자공시란 주석사항 등 자료를 입증해야만 추후에 세액정산 합산 특례 적용을 받을 수 있다.

이의 입증과 서류 준비는 근로자 본인이 해야 한다. 현재 소속회사에서 관련자료를 보관하는 경우도 있지만 10년, 20년 뒤 담당자 변경과 문서보관 연한 경과, 이전 회사 청산 등 여러 사유로 자료를 구하기 힘들 수가 있으니 중간정산을 받은 근로자는 자료를 스캔화해서 잘 저장해놓는 것이 좋다.

퇴직급여 담당이 신입인 경우에는 소속회사의 합병 등 과거 이력과 중간정산을 했는지 여부 등을 모르는 경우가 간혹 있을 수 있으니, 퇴직을 앞둔 근로자는 위에 해당되는 부분들을 잘 챙겨서 퇴직급여 담당자와 확인이 필요하다.

1998년 이후 중간정산 받은 퇴직소득원천징수증은 국세청에 자료가 있어 언제든 자료 신청이 가능하지만, 그전에 계열사 전출, 대주주 변경 등으로 중간정산 받은 근로자는 퇴직소득원천징수 영수증을 구할 수 없어 입증할 방법이 없다. 영수증이 있다 해도 대기업 계열 전출일 경우는 지분관계 등으로 객관적 자료가 가능하지만 그렇지 않은 경우엔 입증서류 찾기도 힘들다.

IMF 당시 해외매각, 부도, 그룹해체 등으로 수많은 회사가 사라진 상황에서 이전 회사의 퇴직소득원천징수영수증과 상호 연관관계를 입증할 증빙 서류는 더더욱 힘들다.

A씨는 1988년 S그룹 D회사로 입사하였다. 1997년 그룹 인사정책에 의해 계열 E사로 옮기면서 D사에서 퇴직금을 정산 받고 2023년 12월 퇴직을 하였다. 당시에는 계열사 이직 시 퇴직금 정산을 무조건 받아야 했다. 2023년 12월 퇴직 즈음에 1987년 퇴직소득원천징수영수증은 국세청 홈페이지와 이후 계열 분리된 D사에도 없고 본인도 보관하고 있지 않아 과거 근속기간 인정을 받지 못했다. 과거 9년은 근속기간 산정에 손해를 본 상황이다.

사업부가 매각되면서 퇴직금 정산을 받았다

사업부 매각은 사업양수도에 해당이 되어 현실적인 퇴직의 사유로 받았던 퇴직금이니 세액정산 합산 특례에 해당된다. 퇴직금을 정산 받지 않았다면 근속기간이 승계되어 신경 쓸 필요가 없지만, 정산을 받았으면 새로운 회사에서는 신규 입사자로 구분된다. 추후 퇴직 시 이전 회사의 근속기간을 인정 받으려면 매각에 관련된 서류, 양수도 계약서, 금융감독원 전자공시란 기업의 연혁, 주석사항 등을 본인이 준비해놔야 한다.

퇴직 전 세액정산 특례 신청을 하지 못했다

세액정산 특례 신청은 근로자가 퇴직소득세가 확정되기 전 회사에 신청을 해야 하지만, 퇴직 후 뒤늦게 알았다고 하면 퇴직일 기준 다음해 5월 1일부터 5월 31일까지 관할 세무서에 확정신고를 하면 된다. 이 날짜를 놓치게 되면 6월 1일부터 5년 기한 내에 세무서에 경정청구를 하면 된다.

퇴직일자가 2023년 5월 31일이면 경정청구 기간은 2024년 6월 1일부터 2029년 5월 31일까지다. 최초 신고 및 수정 신고한 국세의 과세표준 및 세액의 결정 또는 경정을 법정신고기한이 지난 후 5년 이내에 관할 세무서장에게 청구할 수 있다. _ 국세기본법 제45조의2, 경정 등의 청구

세액정산 특례 건으로 경정청구를 하는 게 유리한지는 국세청 홈페이지 퇴직소득모의계산에서 그간 받은 퇴직소득원천징수영수증을 모아 시뮬레이션해보면 된다. 번거롭고 심지어 세무사 자문을 얻어야 할 수도 있으니 퇴직 전 꼭 챙기자.

DC에 가입 중인데 매각한 회사로 보유 상품을 그대로 옮길 수 있을까

DC 가입자는 양쪽 회사에 동일한 퇴직연금사업자가 있으면 관련 공문과 가입자 명부 이전 작업 후 운용 중인 상품을 그대로 이전할 수가 있다. A사는 화학사업부를 D사로 매각하였다. A사에 근무 중인 K씨의 C은행 DC계좌 운용자산을 D사 C은행 DC계좌로 보유상품 전액 이전이 가능하다. 동일한 퇴직연금 사업자가 없을 경우에는 새로운 회사에 퇴직연금사업자를 추가 요청을 해야 한다. 받아들여지지 않으면 전액 현금화해서 D사 다른 퇴직연금사업자 DC계좌로 옮기는 수밖에 없다.

아니면 퇴직 처리로 DC상품을 전액 매도 후 퇴직금 정산을 받든지 또는 IRP로 상품이전을 하든지 선택을 하면 된다. IRP로 입금 또는 상품이전을 하면 퇴직소득 과세이연된다.

새로운 D사가 퇴직금제도 또는 퇴직연금 DB만 운영할 경우는 기존 A사 DC 퇴직금은 정산받고 D사 제도에 따르는 수밖에 없다.

퇴직연금 사업자 간에 타 금융회사로 옮길 수 있도록 하는 연금상품 실물 이전 시스템이 완비되면 굳이 상품매도 없이 이전이 가능하고 동일 사업자가 있을 필요는 없다.

계열사 간 전출, 회사 간 합병, 분할, 사업양수도 등의 사유로 퇴직금제도와 DB제도 가입의 경우에는 퇴직금과 근속기간도 그대로 이어진다. 근로자가 신경 쓸 필요가 없다. 이 경우에 회사 대 회사 간 관련 공문, 명부 등을 퇴직연금사업자에게 제출하면 DB 가입자는 가입자 명부와 사외적립자산 이전으로 작업이 이루어진다. DB의 경우는 동일한 퇴직연금 사업자가 있을 필요는 없다.

21

근속기간이 길수록 퇴직소득세는 낮아진다. 얼마나 차이 날까

　퇴직소득세 세제 개편으로 2023년부터는 동일한 퇴직금이라도 근속기간이 길수록 퇴직소득세는 낮아지게 되었다. 퇴직소득 수입시기는 원칙으로 퇴직을 한 날이 기준일이다. 퇴직소득세 적용 날짜도 퇴직일자가 기준이 된다. 퇴직금을 수령하는 날이 아니다.

　퇴직소득세는 총 퇴직소득을 연소득으로 환산하여 세금을 계산하는 연분연승법이다. 퇴직금과 근속기간이라는 두 가지 변수에 의해 퇴직소득세가 결정된다. 퇴직소득세는 분류과세로 종합소득에서 제외된다.

　2012년 말 이전 퇴직자가 퇴직금을 연금계좌로 이체한 경우에는 이체된 퇴직금과 2014년 12월 31일까지 그 퇴직금에서 발생한 수익은 합산하여 퇴직소득으로 계산된다. 퇴직연금 DC계좌에 추가 납입(개인납입)했을 경우에도 적용된다.

2012년 이전에 DC계좌에 입금한 개인납입액

- 소득/세액공제 받았으면 "원금+운용수익"은 퇴직소득세로 과세
- 소득/세액공제를 받지 않았으면 개인납입액(원금)은 과세 제외

  * 운용수익은 퇴직소득세로 과세된다.

2013년 이후에 입금한 개인납입액

- 소득/세액공제 받았으면 "원금+운용수익"은 기타소득세로 과세
- 소득/세액공제를 받지 않았으면 개인납입액(원금)은 과세 제외

  * 운용수익은 기타소득세로 과세된다.

소득/세액공제를 받지 않은 금액은 국세청 "연금보험료 등 소득. 세액공제확인서"를 퇴직 시 제출해야 과세가 제외된다.

퇴직소득 과세 방식 (2016. 1. 1 이후부터)

- 퇴직소득 – 근속공제
- (연분) a×12 / 근속년수
- (b–차등공제)×기본세율 (6~38%)
- (연승) c×근속년수 / 12

퇴직소득세 원천징수 의무자는 퇴직금제도와 DB제도에서는 소속회사이다. 퇴직금을 IRP로 이전하기 전 소속 회사는 입사일자, 퇴직일자, 중간정산일자, 중간정산특례적용에 따른 퇴직소득원천징수영수증 등을 IRP 계좌가 개설된 퇴직연금사업자에게 제출한 후에는 원천징수의무자는 퇴

직연금 사업자가 된다.

DC 가입자도 퇴직 후 DC에서 IRP로 퇴직금을 이전하면 IRP가 개설된 퇴직연금사업자가 원천징수의무를 지닌다. 퇴직 전 소속회사는 퇴직일자, 퇴직금 수령 IRP 계좌번호, DC → IRP로 현물 이전 체크, 중간정산특례적 용에 따른 퇴직소득원천징수영수증 등을 퇴직연금 사업자에게 최종적으로 제출한다. DC 가입자의 입사일자, 중간정산일자 등 기본 정보가 담긴 가입자명부는 DC계좌 가입 시 퇴직연금사업자에게 제공된다.

퇴직소득세 계산 사례

국세청에서 예시한 퇴직소득세 계산에 도움이 될 만한 사례를 안내한 다. 각각의 항목에 따라 금액을 산출하고 단계별 계산을 통해 퇴직소득세 가 결정된다.

홍길동 씨는 ㈜국세에 2004년 1월 1일 입사하였고 2023년 12월 31일 퇴사하였다. 홍길동 씨의 근속년수는 20년이며 최종 퇴사 시 지급받은 퇴직급여는 1억원이다.

항목	금액	계산근거	계산구조
1. 퇴직소득금액	1억원		
2. 근속년수공제	4,000만원	1,500만원 +(20년-10) x 250만원	근속년수　근속년수공제 5년 이하　근속년수x100만원 10년이하　500만원+(근속년수-5년)x200만원 20년이하　1,500만원+(근속년수-10)x250만원 20년초과　4,000만원+(근속년수-20)x300만원
3. 환산급여	3,600만원	(1억원-4,000만원)x12÷20년	
4. 환산급여공제	2,480만원	800만원+ (3,600만원 -800만원) x60%	환산급여　　환산급여공제 800만원이하　전액공제 7,000만원이하　800만원+(환산급여-800만원)x60% 1억원이하　　4,520만원+(환산급여-7,000만원)x55% 3억원이하　　6,170만원+(환산급여-1억원)x45% 3억원초과　　1억5,170만원+(환산급여-3억원)x35%
5. 과세표준	1,120만원	3,600만원 -2,480만원	
6. 환산산출세액	672,000원	1,120만원x6% (과세표준 x기본세율) -누진공제액	과세표준　　세율　누진공제액 1,400만원이하　6% 5,000만원이하　15%　126만원 8,800만원이하　24%　576만원 1억5,000만원이하　35%　1,544만원 3억원이하　38%　1,994만원 5억원이하　40%　2,594만원 10억원이하　42%　3,594만원 10억원초과　45%　6,594만원
7. 산출세액	112만원	672,000원÷12 x20년 (환산산출세액 /12x근속년수)	

◆ 홍길동 씨의 사례로 살펴본 퇴직소득세 계산구조 (국세청 자료)

퇴직금과 근속년수에 따른 퇴직소득세 차이
(2025년 12월 31일 퇴직 예상)

근속기간 퇴직금	10년 (2016.1.2 입사)	20년 (2006.1.2 입사)	30년 (1996.1.2 입사)
1억원	426만원(4.3%)	123만원(1.2%)	26만원(0.3%)
3억원	4,289만원(14.3%)	1,984만원(6.6%)	1,085만원(3.6%)
4억원	7,006만원(17.5%)	3,721만원(9.3%)	2,105만원(5.3%)
5억원	9,781만원(19.6%)	5,838만원(11.7%)	3,557만원(7.1%)
7억원	1억5,500만원(22.1%)	1억1,102만원(15.7%)	7,487만원(10.7%)
10억원	2억4,487만원(24.5%)	1억9,276만원(19.3%)	1억4,904만원(14.9%)
15억원	3억9,809만원(26.5%)	3억3,659만원(22.4%)	2억8,628만원(19.1%)

◆ 동일한 퇴직금이라도 근속기간이 길수록 퇴직소득세 차이가 많이 나는 걸 알 수 있다.

A씨는 지금의 회사에서 10년 근무 후 퇴직금 중간정산을 받았다. 2025년 12월 31일 퇴직 예정일이다. 총 근무기간은 30년이다. 퇴직금 정산받기 전 혹시나 해서 회사 인사팀에 퇴직금과 퇴직소득세를 확인하니 중간정산 이전 근속기간은 반영되지 않은 걸 알고 국세청 홈택스에서 과거 퇴직소득원천징수증을 발급 받아 회사에 제출하여 세액정산 합산 특례 신청을 하였다. 퇴직금 3억 기준으로 20년과 30년의 퇴직소득세는 900만원 차이가 난다.

거듭 강조한다. 중간정산, 관계사 전출 등 세액정산 합산 특례에 해당되면 관련 서류는 꼭 챙겨서 퇴직 시에 제출하자.

22
공무원, 군인, 교사가 일시 퇴직금을 IRP, 연금저축으로 받으면 절세 가능하다

직역연금(공무원, 군인, 교직원 등) 대상의 퇴직급여 또는 퇴직수당(일시금)은 2001년 12월 31일 이전분은 비과세이고 2002년 1월 1일 이후의 기여금만 과세한다. 단, 명퇴수당(일시금)은 전체기간에 대해 과세한다. 퇴직소득원천징수 영수증상의 퇴직금은 IRP 또는 연금저축으로 수령 가능하고 IRP와 연금계좌의 연금수령연차도 적용 받아 절세가 가능하다.

직역연금 퇴직금 지급 유형별로 살펴보면
- 연금으로 수령 a : 2002년 1월 1일 이후 기여금만 과세 ┐
- 퇴직수당 수령 b : 2002년 1월 1일 이후 기여금만 과세 ┘ 연금공단 지급
- 명퇴수당 수령 c : 전체 기간 과세 ── 소속기관 지급 (교육청, 시청, 도청 등)

b와 c는 IRP, 연금저축에서 수령이 가능하고 퇴직소득세가 이연된다.
공무원 연금관리공단에서는 IRP, 연금저축 계좌가 아닌 은행계좌로 통상적으로 입금한다.

이 경우는 수령일로부터 60일(달력 기준) 이내 연금저축과 IRP로 입금하면 기납부한 퇴직소득세를 입금한 비율대로 환급 받을 수 있다.

직역연금 가입자들은 장기 근속이 많아 퇴직소득세 절감분이 크지 않을 수 있으나 IRP, 연금저축에서는 퇴직금과 운용수익에 대한 연금소득은 종합소득과 건강보험료 산정에 포함되지 않는 이점이 있으니 잘 활용하면 된다. 일반계좌로 수령 후 은행 정기예금 예치 시는 이자에 대해 15.4%의 세금을 과세하지만 IRP 정기예금은 이자소득에 대해 원천징수 없이 만기 상환된다.

퇴직금에서 발생한 이자소득을 포함한 운용한 수익과 다른 개인연금 저축에서 연금으로 인출한 금액을 합해 연간 1,500만원 초과는 종합소득에 합산된다. (p269 참조)

1. 국민연금 과세대상 소득
연금수령액×과세기준일 이후 기준소득월액 환산누계액÷전체 가입기간의 기준소득월액 환산누계액

2. 직역연금 과세대상 소득
연금수령액×과세기준일 이후 기여금 납입 월수÷총 기여금 납입 월수

국세청 예시 사례를 소개한다.
A씨는 1998년 1월1일 군인연금에 가입하여 2018년 12월 31일 까지 4천만원을 납입하였으며, 20203년 1월 1일. 일시금으로 6천만원을 수령하

였다. 과세기준금액은 해당 과세기간 일시금 수령액×과세기준일(2002년 1월 1일) 이후 기여금 납입월수÷총 기여금 납입월수=60,000,000원×216개월÷264개월=49,090,090원

A씨의 과세 대상에 해당하는 퇴직수당 49,090,00원은 연금저축, IRP계좌로 수령이 가능하다.

49,090,090원을 사적 연금계좌인 연금저축, IRP로 수령 시 입금 받는 계좌의 연금수령연차를 적용 받고 퇴직소득세 과세 없이 이연된다. 연금으로 수령 시 퇴직소득세 30~40% 절감이 된다. 국민연금의 노령연금과 직역연금에서는 2002년 1월 이후 납입한 기간의 연금 수령액만 과세대상 소득이다.

23
연금 받기 전 연금수령 요건,
한도, 연차를 꼭 확인하자

연금을 수령하기 위해서는 필수 요건이 있다. 만 55세가 지나야 하고 연금계좌 가입기간이 5년 이상이어야 연금 개시 신청 후 수령이 가능하다.

소득세법 시행령 제40조의 2 연금계좌 등 제3항에서는 가입자가 55세 이상, 연금계좌의 가입일부터 5년 경과 후에 연금계좌 취급자에게 연금수령 개시를 신청한 후 인출할 것이라고 명확하게 나와 있다. 단, 퇴직금이 입금된 경우는 55세가 지나면 연금 개시 신청 후 수령이 가능하다. IRP, 연금저축펀드의 경우는 5년 전 1번만 납입하고 5년 경과해도 연금수령이 가능하지만 연금저축 보험은 매월 균등하게 납입해야만 유지가 된다.

연금수령기간은 연금수령요건을 충족한 연도를 기준으로 10년 이상 받아야 한다.

단, 연금계좌 가입일자가 아래의 2013년 3월 1일 이전인 경우는 5년 이상만 수령하면 된다.

- 2013년 3월 1일 이전 IRP 개인 납입, 연금저축, 연금저축보험에 가입하고 입금한 경우
- 2013년 3월 1일 이전 DC 가입자가 퇴직금을 IRP로 이전한 경우
- 2013년 3월 1일 이전 DB 가입자가 퇴직금 전액을 IRP로 이전한 경우
- 퇴직금제도에서의 퇴직금과 법정 외 퇴직금을 2013년 3월 1일 이전 개설된 연금저축 또는 IRP로 이전한 경우

만기가 된 개인연금과 퇴직금을 노후에 가급적 연금수령을 유도하기 위해서 세제혜택과 운용수익에 대해 저율의 세금을 부과하여 혜택을 주고 있다. 연금수령을 위해서는 연금수령 요건을 갖추어야 하고 연간 연금수령한도 범위 내에서 인출을 해야만 연금수령으로 간주하고 세금 혜택을 부여한다. 가입한 연금계좌의 가입연도와 퇴직금 입금일자 등을 잘 살펴보고 아래의 내용을 이해하도록 하자.

혹, 불가피한 상황이 생겨 중도해지하거나 수령 중에 가족이나 자신에게 문제가 생길 경우도 있으니 미리 알아두면 좋을 것이다.

연금수령 요건에 대해 살펴보자

연금을 수령하기 위해 필수 요건을 갖추었다 하더라도 아래와 같이 연금 개시 신청 시점을 살펴보고 더 세부적인 요건에 대한 확인이 필요하다.

- 퇴직급여가 입금된 계좌는 a)만 55세 되는 날과 b)퇴직급여 입금일 중 늦은 날

- 개인납입액만 입금된 계좌는 a)만 55세 되는 날과 b)가입기간 5년 경과일 중 늦은 날
- 개인납입액 계좌에 퇴직급여가 입금된 계좌는 a)개인납입액과 b)퇴직급여 중 연금수령요건을 충족한 시점이 빠른 날이다.

이와 같이 연금수령 요건이 충족되면 연금계좌가 개설된 금융사에 연금수령 개시를 신청한 후 연금 형태로 수령한다.

연금수령한도에 대해 살펴보자

연금수령한도란 연금계좌에서 매년 세금혜택을 받을 수 있는 최대 인출금액을 말한다. 한도 내에서 인출을 해야만 연금수령으로 간주되어 퇴직소득세 30~40%가 절감된 연금소득세로 과세가 된다. 연금수령한도를 초과해서 인출하면 연금 외 수령으로 간주하고 퇴직소득세 100%와 기타소득세 16.5%를 부과하니 유의하기 바란다.

$$\text{매년 연금수령한도} = \frac{\text{연금계좌의 평가총액}}{(11 - \text{연금수령연차}) \times 1.2}$$

연금계좌의 평가총액 기준은 연금개시신청 시점 당해 연도는 개시 당시의 평가총액이다. 그 다음해부터는 매년 1월 1일자 평가총액이다

연금수령한도에 포함되지 않는 경우가 있다. 법에서 정한 부득이한 요건에 따라 인출한 금액이다. (소득세법 시행령 제40조의 2 연금계좌 등 3항

의 3, 제20조의 2)

1. 연금계좌 가입자가 사망
2. 연금계좌 가입자 또는 부양가족이 3개월 이상 요양을 필요로 하는 경우
3. 연금가입자가 파산선고, 개인회생 절차 개시 결정을 받은 경우
4. 연금계좌 취급자의 영업정지, 영업 인허가의 취소, 해산결의 또는 파산선고
5. 연금계좌 가입자가 재난으로 15일 이상의 입원치료가 필요한 피해를 입은 경우
6. 퇴직급여를 연금계좌에 입금한 날로부터 3년이 지난 다음 해외 이주로 인출하는 경우는 퇴직급여를 연금수령으로 본다.

연금수령연차에 대해 살펴보자

연금수령연차란 최초로 연금을 수령할 수 있는 날이 속하는 과세기간을 기산 연차로 하여 그 다음 과세기간을 누적 합산한 연차를 말한다. 연금수령연차가 11년 이상인 경우에는 연금수령한도를 적용하지 않는다. (소득세법 시행령 제40조의 2 3항 중) 이 말은 연금을 10년 이상 수령해야 퇴직소득세 절세 혜택을 준다는 의미이다.

연금수령연차는 위에서 살펴본 연금수령요건을 갖춘 날, 즉 내가 연금을 받을 수 있는 조건이 되는 날이 속하는 해가 1년 차가 되고 매년 1월 1일자에 연차가 1년씩 올라간다.

연금수령요건을 충족한 날이 속하는 연도는 1년 차부터 시작된다. 2013년 3월 1일 이전에 가입한 연금저축과 개인납입금의 IRP 계좌와 2013년 3월 1일 이전에 퇴직연금제도를 도입한 DB, DC 가입자의 퇴직금 전액이 새로 설정된 연금계좌로 이체된 경우에는 연금수령요건을 충족한 날이 속하는 연도에 6년 차부터 시작된다.

DB는 연금계좌가 아니지만, 2013년 3월 1일 이전 퇴직연금 DB 제도의 가입자 명부에 들어가 있으면 된다. DB제도 가입일과 연금계좌 가입일과는 별개다.

DB에서 DC로 전환할 경우 퇴직연금사업자측에서는 DB제도 도입일 확인과 DC로 전환하는 가입자의 DB 가입일 확인을 위해 소속회사에 퇴직연금제도가입 확인서 요청을 한다. 2013년 3월 1일 이전과 이후를 구분하기 위해서이다.

DC로 전환한 이후 퇴직 예정자는 소속회사의 퇴직연금 도입일과 도입 당시 퇴직연금제도 명부에 가입되어 있었는지 확인이 필요하다. 아직도 퇴직금제도, 퇴직연금 DB, DC 제도를 병행 운영하는 회사들이 다수 있다. 특히, 임원 퇴직금의 경우는 퇴직연금제도에 늦게 가입되어 있거나 임원만 퇴직금제도에 남아 있는 회사들이 많다.

구 분	연금수령요건이 갖추어진 시점	연금계좌 가입일 (DB,DC 포함)	연금수령연차
퇴직금 입금계좌	만 55세 되는 날, 퇴직금 입금일 중 늦은 날 (가입기간 조건 없음)	2013. 2.28까지	6년 차부터
		2013. 3. 1 이후	1년 차부터
개인납입금 입금계좌	만 55세 되는 날, 가입기간 5년이 되는 날 중 늦은 날	2013. 2.28까지	6년 차부터
		2013. 3. 1 이후	1년 차부터

◆ 퇴직금과 개인납입금이 함께 있는 경우에는 퇴직금, 개인납입금에서 연금수령요건이 갖추어진 시점 중 빠른 날이 적용된다.

　　2013년 3월 1일 이전 가입된 연금계좌는 연금수령의무 기간이 5년이고, 2013년 3월 1일 이후는 연금수령의무 기간이 10년이다. 55세 이후 퇴직금제도에서 수령한 퇴직금과 법정 외 퇴직금인 위로, 명예퇴직금 등은 입금되는 연금계좌의 연금수령연차 적용을 받는다. 연금수령한도, 연금수령연차의 이해를 위해 p104~109에서 다양한 사례를 소개한다.

24

연금 실제 수령연차를 알아야
세금을 줄일 수 있다

앞에서 연금수령연차에 대해 살펴보았다. 그럼 연금의 실제 수령연차란 무엇인가. 연금수령연차는 연금 개시 수령을 하지 않아도 연금수령 요건을 충족한 날부터 매년 1월 1일에 1년씩 늘어난다.

연금 실제 수령 연차는 최초로 연금을 수령한 날이 속하는 과세 기간을 기산연차로 하여 그 다음 연금을 수령한 날이 속하는 과세 기간을 누적 합산한 연차로 한다. 연금 개시 신청을 하고 실제로 연금을 수령해야만 그 기일이 산정된다.

예를 들어 설명하면, 만 58세로 2023년 5월, 퇴직금을 수령했다. 55세가 지났고 2023년은 연금수령연차가 1년 차가 된다. 2027년 1월은 연금수령 5년 차이다. 연금의 실제 수령을 2023년, 2024년, 2027년에 했으면 연금 실제 수령 연차는 3년 차이다. 중간에 건너뛴 연도는 연금 실제 수령 연차에 포함되지 않는다.

퇴직소득세 30% 감면은 퇴직금을 연금으로 실제 수령한 10년까지이고 11년부터는 40% 감면이다. 퇴직금이 입금되고 연금을 실제로 수령한 누계년도가 10년이 지난 후에 추가 감면이 된다. 지금 당장은 돈이 필요 없더라도 조금씩 연금수령을 해나가는 편이 좋다. 나중에 사망 시 적용되는 세율에도 차이가 난다.

25
연금계좌 이전으로
퇴직소득세 절세가 가능하다

연금계좌 이전을 잘 활용하면 퇴직금 인출 시 절세할 수 있다. 연금계좌 이전부터 알아보자.

연금계좌에 있는 금액이 연금수령 개시되기 전의 다른 연금계좌로 이체되는 경우에는 이를 인출로 보지 아니한다. 연금계좌간 상호 계약 이전이 가능하다.

_소득세법 시행령 제40조의 4, 연금계좌의 이체

금융시장 상황에 따른 연금사업자별 운용상품 특성을 고려 한다 든지 또는 연금수령연차가 쌓여 있는 연금계좌를 활용하여 절세에 이용하고자 은행에서 증권, 보험에서 은행, 증권에서 은행 등 또는 동일 금융사 내 연금저축과 IRP 간에 계약 이전이 많이 이루어지고 있다.

연금계좌 이전 유형과 유의할 점을 살펴보자

- 대상 계좌는 IRP, 연금저축계좌이다.
- 연금저축 (2001년 1월~2013년 3월 1일 이전, 2013년 3월 1일 이후) ↔ 연금저축, IRP ↔ IRP계좌 간 각각 상호 이전에는 적립금 전액을 이전 해야 한다. IRP와 연금저축 간의 상호이전은 연금수령 요건인 55세 이상이고 납입기간 5년 이상일 경우로 연금수령 요건을 갖춘 경우 에만 적립금 전액으로 이전할 수 있다. 단, 퇴직금만 있는 경우에는 55세 이상이면 바로 전액 이전이 가능하다.
- 연금저축계좌와 연금저축계좌 간 이전은 55세 이전에도 가능하다. 2013년 3월 1일 이전과 3월 1일 이후 간의 계좌 이전이 안 되는 금융 사도 있으니 확인이 필요하다.
- 연금이 개시된 계좌가 연금수령 전인 계좌로는 이전이 가능하나 연 금 개시된 계좌에는 이전을 받을 수 없다. 연금 개시된 계좌에는 추 가 입금(퇴직금 포함)도 안 된다. (p32~33 참조)
- 2013년 3월 1일 이후 가입한 계좌는 2013년 3월 1일 이전 가입한 계 좌로 이전이 불가하다.
- (구)개인연금은 (구)개인연금끼리만 이전이 가능하다.
- 연금저축보험에서 연금저축, IRP로 이전은 가능하지만 연금저축, IRP 에서 연금저축보험으로 이전되지 않는다. 연금저축보험은 해지환급 금 기준으로 이전이 된다. 보험사에 따라 차이가 있겠지만 통상 7년 이상이 되어야 원금 수준으로 회복된다.
- 계약 이전 시에는 보유상품을 매도한 후 전액 현금으로만 가능하다.

- 생명보험사에서 종신연금을 수령중인 계좌는 이전이 안 된다.

연금계좌 이전 시 가입일자 적용 기준

연금계좌 이전 시 가입일자는 이전을 받는 연금계좌의 가입일자가 적용된다. 다만, 이전하는 연금계좌의 전액이 새로 설정되는 연금계좌로 전액 이전될 경우에는 이전하는 쪽 연금계좌의 가입일자를 적용 받는다. 새로 설정된 연금계좌 잔고는 0이어야 한다.

연금수령연차, 연금수령한도, 연금계좌 간 이전으로 절세가 가능하다

사례. A씨는 S상사에서 장기간 근무 후 2023년 6월에 퇴직하였다

- 생년월일 : 1965년 5월 31일 (만 58세)
- 입사일 : 1990년 1월 2일, 퇴사일 : 2023년 6월 30일
- 퇴직금 : 3억5천만원 (DC평가금액, DC는 B은행 가입 중)
- 위로퇴직금 : 2억
- 퇴직연금 가입일 : DB제도 2012년 3월 1일, DC 전환은 2021년 5월 31일 *퇴직 전이나 후라도 A씨 본인의 퇴직연금 가입일 확인이 필요하다. 간혹 퇴직연금 가입일을 2021년 5월 31일로 등록한 경우가 발생한다.
- 퇴직소득세 : 6.8% (3,750만원, 퇴직금 5억5천만원, 근속기간 33년 6개월, 중간정산 안 함)
- DC -> IRP 이전일 : 2023년 7월 10일

- A씨가 가입한 연금상품

　①(구)개인연금 : 2000년 1월 2일 가입, 잔고 8,000만원 (A생명보험사)

　②연금저축 : 2013년 2월 10일 가입, 잔고 3,000만원 (C증권사) → 연금수령개시 전

　③IRP 개인 납입 : 2015년 1월 10일 가입, 잔고 3,000만원 (DC금융사와 동일한 B은행) → 연금수령개시 전

1. A씨는 연금을 언제부터 수령할 수 있을까.

55세 이상이고 퇴직금이 IRP로 입금되어 퇴직금을 연금으로 수령하는 것은 바로 가능하다. 가입한 (구)개인연금과 연금저축도 55세 이상이고 가입기간이 5년이 경과하여 여기서도 연금수령이 가능하다

2. 2023년 7월 10일, A씨가 보유 중인 연금저축의 연금수령연차

2013년 2월 10일 개설한 연금저축의 2023년 7월 현재, 연금수령연차는 9년 차이다. 2013년 3월 1일 이전 개설 연금계좌이므로 만 5년 경과시점 2018년 2월 10일과 55세 시점인 2020년 5월 31일 중 늦은 날 2020년 5월 30일이 6년 차이다. 3년 경과시점인 2023년은 9년 차이다. 2015년 1월 10일 개설한 IRP는 4년 차이다. 55세 시점 2020년 5월 31일과 IRP개설 5년 경과시점 2020년 1월 10일 중 늦은 날, 2020년 5월 31일 이후 1년 차, 2023년은 4년 차이다.

3. A씨가 5.5억 (DC 3.5억원, 위로금 2억원)을 전액 인출하고자 한다. 전액

인출을 위해 DC 3.5억원은 전부 현금화하였다.

B은행 IRP로 이전 후 인출 시

① 5억 5,000만원÷(11년-6년 차)×1.2=1억 3,200만원×6.8% (퇴직소득세)×0.7(30% 감면)=6,283,200원

2023년도 연금수령한도는 1억 3,200만원이고 여기에 대한 퇴직소득세는 30% 감면이다.

② 5억 5,000만원-1억 3,200만원=4억 1,800만원×6.8%=28,424,000원

연금수령한도 1억 3,200만원을 초과한 금액은 연금 외 인출로 퇴직소득세 100%적용이다.

◆ 세금 합계 ①+②=34,707,200원을 제하고 515,292,800원을 수령한다.

*연금수령한도 계산에서 연금계좌의 평가총액 5.5억과 연금수령연차 6년 차에 대해 알아보자.

A씨는 B은행 IRP를 보유하고 있지만 2015년 1월 10일에 개설하여 개인납입금의 연금수령연차는 4년 차이다. A씨의 회사 퇴직연금 가입일이 2012년 3월 1일이라 신규로 개설한 IRP에 입금 시는 6년 차 적용을 받는다. 그 과정을 알아보자. B은행 IRP의 개인납입금은 2015년 1월10일 개설 이고 A씨의 퇴직연금 가입일은 2013년 3월 1일 이전이라 같이 합칠 수가 없다. 통상 퇴직연금 사업자는 이럴 경우 계정을 분리시킨다. 개인납입금 계정은 001이 되고 퇴직금을 입금 받는 계정은 새로운 002로 만들어진다. 002에는 퇴직금 전액이 이체되어 6년 차 적용을 받는다.

앞에서 설명한 연금수령연차에서 2013년 3월 1일 이전에 가입한 퇴직연금 DB, DC 가입자의 퇴직금 전액이 새로 설정된 연금계좌로 이체되면 연금수

령요건을 충족한 날이 속하는 연도에 6년 차부터 적용된다. 이럴 경우 하나의 IRP에 001과 002로 계정이 구분된다. 002는 퇴직금 입금으로 평가금액이 5.5억원이 되고 연금수령연차는 6년 차로 계산되었다. 001, 002 구분은 퇴직연금사업자마다 다를 수가 있으니 이 부분도 확인이 필요하다.

만약, A씨 회사의 퇴직연금 가입일이 2013년 3월 1일 이후라면 B은행 IRP에 있는 개인납입금과 합쳐져 연금수령연차는 4년 차를 적용 받는다. 연금계좌 평가금액은 5억 8천만원이 된다.

4. C증권에 IRP를 개설하고 C증권 연금저축 잔고 전액을 IRP로 이전시키면 연금수령연차를 9년 차로 할 수 있다. B은행 DC 퇴직금과 위로퇴직금을 C증권 IRP로 지급해달라고 회사에 요청하면 B은행에서는 DC계좌 내 보유자산을 전액 현금화한 후 C증권 IRP로 지급하고 회사에서는 위로퇴직금을 C은행 IRP로 지급한다.

A씨 회사의 퇴직연금 가입일은 2013년 3월 1일 이전이다. 법정퇴직금 전액을 C증권 IRP로 입금하면 연금수령한도 9년 차 적용이 가능하다. 2013년 3월 1일 이전 연금계좌(퇴직연금 DB, DC포함)는 2013년 3월 1일 이전 가입일자끼리 이전이 가능하다.

① 5억 8,000만원÷(11-9년 차)×1.2=3억 4,800만원(연금수령한도 내)×
   6.8%×0.7=16,564,800원

② 5억 5,000만원-3억 4,800만원=2억 200만원(연금수령한도 외)×
   6.8%=13,736,000원

◆ 세금 합계 ①+②=30,300,800원을 제하고 519,699,200원을 수령한다.

* 연금수령한도 계산에서는 연금계좌의 평가총액이 5억 8,000만원인지에 대해 알아보자.

C증권 연금저축에서 금액 전체를 이전 받은 IRP는 2013년 3월 1일 이전 적용이고 A씨의 퇴직연금 가입일자가 2013년 3월 1일 이전이라 같이 합쳐져 평가금액은 기존 개인납입금 3,000만원과 퇴직금 5억 5,000만원이 합쳐져 5억 8,000만원이 연금계좌 평가 총액이 된다. 연금수령연차는 퇴직금을 입금하는 C증권 IRP계좌의 9년 차 적용을 받는다.

자신이 보유하고 있는 IRP, 연금저축 계좌 중 퇴직금을 어느 계좌에서 받는가에 따라 세금이 달라지니 퇴직 전 찬찬히 살펴봐야 한다.

앞에서 살펴본 것처럼, 연금저축 ↔ IRP 상호이전은 55세 이상이고 가입 기간 5년 경과되어야 가능하다. 새로 만들어진 IRP에 연금저축을 이전 받고 연금수령연차를 살려 퇴직금을 입금한 후 즉시 인출할 경우 세금을 줄일 수 있다. 연금저축에서 연금수령이 시작 되었으면 이전은 가능하지만 퇴직금 입금은 안 된다.

* C증권 연금저축을 IRP로 이전 후 퇴직금을 수령하는 게 퇴직소득세 4,406,400원을 절감할 수 있다.

5. A씨는 B은행 DC에 만기가 2년 남아 있는 정기예금이 있다. 퇴직 시 이를 B은행 IRP로 이전시키고 향후 연금으로 수령하고자 한다. 법정 외 퇴직금인 위로퇴직금 2억원은 인출하려고 한다.

①연금수령연차 9년 차인 2013년 2월 10일 개설된 연금저축계좌에서 수령 후 인출하면 퇴직소득세를 절감할 수가 있다. 이 경우, 수령 하고자 하는 연금저축계좌는 연금수령개시 전이어야 한다.

(2억3,000만원)÷(11-9년 차)×1.2=1억 3,800만원×6.8% (퇴직소득세)

×0.7 = 6,568,800원

②2억-1억3,800만원=6,200만원×6.8%=4,216,000원

◆ **세금 합계 ①+②= 10,784,800원을 제하고 189,215,200원을 수령한다.**

법정 외 퇴직금(위로) 2억원은 급여통장, 연금저축, IRP 어디든 수령이 가능하다. 이를 C증권 연금저축계좌로 수령하고자 하면 회사 인사팀에 사전 신청을 하고 업무 협조를 구해야 한다. 회사에서는 퇴직자에 대한 기본정보를 C증권, B은행 2군데에 통보해야 하는 번거로움이 있을 수 있다.

A씨는 55세 이상이라 은행 통장으로도 받을 수 있지만, 이 경우에 5억 5,000만원×6.8%=3,740만원을 원천징수 후 5억 1,260만원만 수령한다. 위 4의 C증권 연금저축을 활용한 퇴직금 수령보다 7,099,200원이 줄어든다.

26

53세 퇴직자가 IRP계좌의 퇴직금을
일부 찾을 수 있는 방법

55세 이전에 조기 퇴직을 할 경우 퇴직금은 IRP로만 받을 수 있다. IRP로 퇴직금을 수령 후 갑자기 급한 일이 있어 인출하려면 55세 이전은 전액 인출만 가능하다.

개인 납입금이 있는 IRP계좌로 퇴직금을 수령한 후 인출하려면 퇴직금뿐만 아니라 세액공제 받은 개인납입금도 16.5% 기타소득세를 내고 해지해야 한다.

55세 이전 긴급자금이 필요한 경우는 퇴직연금 중도인출 사유에 해당이 되는지부터 살펴보고 해당이 되면 부분 인출이 가능하다. 세법상 부득이한 인출의 요건의 경우는 55세 이전에 퇴직금을 인출하더라도 퇴직소득세 30% 감면 혜택을 받을 수 있다.

중도인출, 세법상 부득이한 인출에 해당되지 않으면 전액 해지를 해야한다. 긴급한 일로 목돈이 필요할 수도 있으니 55세 이전 퇴직금 수령은 개인 납입금이 있는 IRP 이외 신규 개설한 IRP로 받는 것이 좋다.

K씨는 54세 조기 퇴직으로 퇴직금을 수령한 후 3개월 이내 인출하고자한다. 현재 A증권사에 가입되어 있는 DC상품을 A증권사 IRP로 부득이보유상품 그대로 이전하고 3개월 이내 출금을 해야 한다고 하면 A증권사 IRP에 세액공제 받은 개인납입금을 다른 금융사 IRP로 이전하고 A증권사에 IRP를 신규로 개설하여 퇴직금을 수령 후 인출하면 된다. A증권사 개인납입금 IRP 에 예금상품만 있다고 하면 예금 중도해지에 따른 이율의 손해율과 DC상품 현물 이전에 따른 이해득실을 따져보고 판단하면 된다.

근로자퇴직급여보장법 9조 2항에는 '사용자는 근로자가 퇴직한 경우에는 그 지급사유가 발생한 날로부터 14일 이내 (당사자간 합의로 기일연장 가능) 퇴직금을 지급하고 근로자가 지정한 IRP(개인형퇴직연금제도의계정) 이전하는 방법으로 지급하여야 한다'고 명시하고 있다.

예외사항도 있다. 55세 이후 퇴직금을 수령하는 경우, 퇴직금이 300만원 이하인 경우, 근로자가 사망한 경우, 퇴직급여 담보대출 상환용도, 법정 외 퇴직금 (명에, 위로퇴직금) 수령, 취업활동을 할 수 있는 체류 자격으로 국내에서 근로를 제공하고 퇴직한 근로자가 퇴직 후 국외로 출국한경우 등은 일반계좌로 수령이 가능하다. 이 조항에서 55세 미만 퇴직자로퇴직금이 300만원 이상이면 기존 퇴직금제도와 퇴직연금제도 모두 IRP로만 받아야한다.

27

59세 퇴직자가 퇴직금을
급여통장과 IRP로 받는 것의 차이

P씨는 60세 정년퇴직을 했다. 퇴직금은 3억원이고 20년 근속으로 퇴직소득세는 6.5%이다. 퇴직일자는 2023년 12월 15일이고 퇴직금은 12월 28일 수령 예정이다. 은행계좌로 받으면 회사에서 퇴직소득세 19,500,000원을 원천징수하고 280,500,000원이 입금된다.

회사에 IRP 계좌확인서를 제출하면 퇴직소득세 과세이연으로 3억원 그대로 IRP에 입금된다. P씨는 입금 받은 IRP에서 그 다음날 전액 해지 출금을 할 경우에 연금수령연차 1년 차를 적용 받아 3억÷(11-1년 차)× 1.2=3,600만원에 대해서는 퇴직소득세 30% 감면으로 1,638,000원. (3,600만원×6.5%×0.7)의 세금과 3억에서 3,600만원을 차감한 2억 6,400만원에 대해서는 17,160,000원(2억 6,400만원×6.5%)의 퇴직소득세가 과세된다. IRP로 수령 후 해지시는 퇴직소득세 18,798,000원만 내고 인출하면 된다.

은행계좌와 IRP로 받는 차이 702,000원(19,500,000-18,798,000)의 세금이 절감된다.

P씨의 사례에서 살펴본 바와 같이 P씨에게 연금수령연차가 쌓인 연금계좌가 있다면 이 연금계좌에서 퇴직금을 수령하든지 연금계좌간 이전을 통해 퇴직소득세를 더 절감할 수가 있다. 이와 관련한 다양한 사례는 부록에서 살펴볼 예정이다.

28
퇴직금을 12월 28일과 다음해
1월 2일로 나누어 받으면 절세가 된다

바로 앞에서 소개한 P씨에 대한 사례를 한번 더 살펴보자. 2023년 12월 28일 퇴직금 입금 후 28일 인출 시는 연금수령연차 1년 차 적용이다. 2024년 1월 2일 출금하면 연금수령연차가 2년 차가 된다.

P씨는 12월 28일 연금수령한도만큼 출금하고 다음해 1월 2일 퇴직금 잔액을 출금하면 절세를 할 수 있다.

2023년 12월 28일 연금수령한도 출금 시는 3억÷(11-1년 차)×1.2=3,600만원, 3,600만원×6.5%×70%=1,638,000원의 퇴직소득세, 다음해 1월 2일 해지 후 출금하게 되면 2024년 연금수령한도는 (3억-3,600만원)÷(11-2년 차)×1.2=3,520만원에 퇴직소득세는 3,520만원×6.5%×70%=1,601,600원이고 나머지 2억 2,880만원은 6.5% 세율적용으로 14,872,000원이다.

12월 28일과 1월 2일로 나누어 출금하면 퇴직소득세는 18,111,600원이다. 12월 전액 출금 퇴직소득세는 18,798,000원으로 차이가 686,400원이

난다. 연말 5일만 미루면 세금을 더 줄일 수 있음을 보여준다.

근속기간이 짧거나 퇴직소득이 많아 세율이 더 높아지면 세금 차이는 더 늘어난다.

29
퇴직연금 이전 조건으로
대출금리 할인을 제시 받았다

회사원 C씨는 현재 D증권사 DC형에 가입 중이다. 그런데 주거래 B은행
에서 D증권사의 퇴직연금계좌를 이전하면 대출금리를 할인해주겠다고
한 것이다. 가능할까?

회사가 퇴직연금사업자로 B은행과도 계약이 되어 있다면 이전은 가능
하다. 단, 전액 이전이어야 하고, 이전 받는 B은행에서 퇴직연금사업자 계
약 이전 공통 서식에 기재 후 본인 서명과 소속회사 직인 날인을 받아서
B은행에서 D증권사로 송부하면 된다. 이 경우, B은행의 제안처럼 대출금
리 할인을 해줄 수 있는지 알아보자. 퇴직연금사업자는 본사, 지점, 직원
별 퇴직연금 유치실적을 KPI로 평가하고 있다. 유치 경쟁이 너무 과열되어
금융감독원에서는 수시로 경고 조치를 하고 있다. 초창기에는 은행 KPI
1순위가 퇴직연금 유치 실적인 적도 있었다. 경품, 여수신 금리 우대 등 조
건을 제시하는 경우가 많이 있지만 법으로 규제하고 있다.

과열경쟁을 방지하기 위해 근로자퇴직급여보장법과 퇴직급여감독규정

에서는 퇴직연금사업자 금지행위를 지정해놓고 있다. ①금전적 가치가 있는 유·무형의 재산 또는 경제적 편익 제공 ②여·수신금리 우대 등 퇴직연금 이외의 거래에 있어 통상의 거래조건보다 유리한 거래조건의 제공 ③퇴직연금계약 이외의 다른 거래실적을 반영한 퇴직연금 상품의 금리우대 등이 있다. 퇴직연금 가입, 유치 조건으로 가입자 각각에 대해 3만원 이상의 특별이익 제공, 예금우대금리, 대출금리 할인 등은 할 수가 없다. 이를 위반하면 퇴직연금사업자에 대한 제재 조치가 있다.

주변에서 일어날 수 있는 사례 한 가지를 더 소개한다.

B은행 담당자가 고교 동창이라 퇴직연금 유치 실적이 꼭 필요하니 B은행 이전을 부탁받았다. 모른 척을 할 수도 없고 D증권사 DC 잔고에는 만기 3개월 남은 고금리 정기예금이 80%나 있다. 상품을 모두 현금화해서 전액 이전만 가능한데 중도해약 시 금리 손해가 있다고 하니 고민이다. 이럴 경우는 1차로 명부만 B은행으로 이전하면 향후 회사에서 납입하는 DC 부담금은 B은행으로 입금된다. 2차로 3개월 뒤 D증권사 정기예금 만기시점에 DC 잔고 전액을 이전하면 된다. 금융사별로 차이가 있을 수 있으니 한번 더 확인이 필요하다.

현재 퇴직연금 사업자 간에 상품을 매도하지 않고 다른 금융회사로 옮길 수 있도록 하는 작업이 진행되고 있다. 2023년 3월 30일, 금융 당국, 고용노동부, 퇴직연금사업자간 업무설명회 중 퇴직연금 가입자의 수익률 제고를 위해 상품의 손실 없이 금융회사만 변경할 수 있도록 '연금상품의 실물이전 방안'을 마련 중이다. 이는 각 퇴직연금사업자 간의 시스템 구축이 선행 되어야 할 부분이다.

30
임원이라면 꼭 확인해야 할
퇴직금

임원 퇴직금은 근로자 퇴직금과 차이가 많다. 임원 퇴직금은 세법에서 정한 임원 퇴직소득 한도가 있지만 근로자 퇴직금은 한도가 없다. 임원 퇴직금을 한도 내 지급을 해야 법인은 법인세 혜택을 받고 퇴직금을 수령하는 개인도 퇴직소득세 적용을 받는다. 근로자는 퇴직소득 한도가 없어 퇴직금 전액이 퇴직소득세 적용을 받는다.

법인세법상 임원 퇴직급여한도 이내에서 임원에게 퇴직급여를 지급하는 경우, 법인은 손금에 해당되고 임원은 퇴직소득에 해당된다. 한도를 초과해서 지급하면 초과액은 법인세법상 손금 불산입으로 법인세가 추징되고 임원은 초과액만큼 근로소득세가 부과된다.

2012년 이전까지는 임원 퇴직소득 한도가 없었다. 그 당시에는 퇴직금을 평균 임금의 5배수, 10배수를 지급해도 저율의 퇴직소득세가 과세되어 오너 경영자들이 이를 이용해 사회적 문제가 야기된 적이 많아 부자감세

라는 사회여론으로 2012년부터 한도를 적용해오고 있다.

임원 퇴직금의 범위

1. 회사 정관에 임원 퇴직급여 규정이 있는 경우 : 그 규정에 따른 금액
2. 정관에 임원 퇴직급여 규정이 없는 경우 : 법인세법에서 정한 임원퇴직급여 한도 적용. ◆직전 1년 총 급여액×10%×근속년수
3. 특정 임원에게만 정당한 사유 없이 차별적으로 높게 지급한다는 내용의 퇴직급여 규정은 법인세법상 부당행위 계산부인 규정을 적용받는다.

2012년 1월 이후 임원 퇴직금 규정을 정관 또는 주총 승인을 거치더라도 3배, 2배수만 세법에서 퇴직소득으로 인정되고, 초과분은 근로소득에 합산, 과세한다.

소득세법상 임원 퇴직급여 한도

1. 임원선임 : ~ 2011년 12월 31일
- 기간분 : 퇴직급여×2011년 12월 3일 이전 근무기간÷전체 근무기간 퇴직금과
- 2011년 12월 31일 퇴직 가정 시 정관 또는 임원퇴직금 규정에 의거한 금액 중에서 유리한 금액을 선책할 수 있다.
2. 재직기간 : 2012년 1월 1일~ 2019년 12월 31일

- 2019년 이전 직전 3년간 총급여액 연평균 환산액×10%×[(2012.1.1 ~2019.12.31까지의 근무월수)÷12]×3배수

3. 2020년 1월 1일 이후

- 2020년 이후 직전 3년간 총급여액 연평균 환산액×10%×[(2020.1.1 이후의 근무월수)÷12]×2배수

◆ **임원 선임부터 퇴직 시까지 퇴직금은 1~3의 합계 금액이다.**

법인세법, 소득세법상 임원퇴직소득 한도를 적용 받는 임원의 범위는 법인등기부 등본상 등기임원과 법인의 회장, 사장, 전무, 상무 등 이사회 구성원의 전원과 청산인 등이 포함된다.

세법상 규정한 임원의 범위

1. 법인의 회장, 사장, 부사장, 이사장, 대표이사, 전무이사, 상무이사 등 이사회의 구성원 전원과 청산인
2. 합명회사, 합자회사 및 유한회사의 업무집행 사원 또는 이사
3. 유한책임회사의 업무집행자
4. 감사
5. 그밖에 1~4까지의 규정에 준하는 직무에 종사하는 자

임원도 퇴직연금제도에 가입할 수 있다. 근로자에 대한 퇴직연금제도를 도입할 경우 임원 포함은 가능하지만 임원만 퇴직연금제도에 가입할 수 없다. 이러다 보니 임원만 과거 퇴직금제도로 남아 있는 경우가 다수

있다. 임원이 퇴직연금제도에 가입하면 근로자퇴직급여보장법의 퇴직연금제도 운용 방식을 따라야 한다.

근로자의 퇴직급여는 근로자퇴직급여보장법에 근거하고 임원 퇴직급여는 정관 또는 주주총회의 결의를 거친 임원퇴직급여규정에 근거한다.

직원에서 임원 승진 시 정산 받은 퇴직금(퇴직소득원천징수영수증)과 임원 승진 후에 퇴직 시 받은 최종 퇴직금은 퇴직소득정산 특례를 활용하여 퇴직소득세를 산출하고 유리한 것을 선택할 수 있다. 근속 기간이 길수록 퇴직소득세율은 낮아지나 퇴직급여 금액에 따라 유불리가 있을 수 있으니 비교해서 유리한 쪽을 반영하면 된다.

DC형 운용수익도 임원퇴직금 한도에 포함될까

퇴직을 1년 앞두고 있는 미국 S케미컬 국내법인 부사장이다. 상무부터 부사장은 퇴직금 3배수 적용이다. 전 임직원이 DC제도 도입이라 10년 전부터 DC로 운용 중이고 DC에서 불어난 운용수익도 임원퇴직금 한도에 포함되는지 궁금하다.

포함이 된다. DC 퇴직금은 회사에서 불입한 년간 퇴직원금의 누계액과 그 운용수익(손실)이 퇴직금이 된다. 퇴직시점에 회사 인사팀에서 임원퇴직소득 한도를 계산하고 DC 평가액과 비교해서 임원퇴직소득한도 초과분은 회사로 다시 입금시켜 근로소득에 포함시켜야 한다.

퇴직을 앞두고 있다면 본인의 퇴직소득 한도를 체크해보고 너무 공격적인 투자는 자제하도록 해야 한다. 한도 초과분만큼 상품을 매도한 후 현금화하는 데 손실을 볼 수도 있다.

국세청의 임원퇴직금 확정기여형계좌의 임원퇴직소득 한도 적용 질의회시집(2023.7.19)에는 "사용자 부담금을 기초로 하여 현실적인 퇴직을 원인으로 지급 받는 소득은 〈소득세법〉 제22조 1항 2조의 퇴직소득에 해당되는 것이며, 확정기여형 퇴직연금제도의 경우 퇴직소득은 사용자부담금액 사용자부담금의 운용수익을 더하여 결정되는 것이다. 이때 임원의 퇴직소득금액이 동조 3항 단서 및 계산식에 따라 계산한 금액을 초과하는 경우 그 초과하는 금액은 근로소득에 해당하는 것이다"라고 나와 있다.

회사의 임원도 경영성과급 DC에 가입 가능할까

임원도 경영성과급 DC에 가입이 가능하지만 임원 경영성과급 내용을 구체적으로 정관 또는 임원퇴직급여규정에 명시를 하고 주총승인을 별도로 거쳐야 한다.

경영성과급 DC 도입은 임원을 포함한 근로자 전원이 적립하는 것을 요건으로 하고 있어 임원만 경영성과급 DC를 도입할 수가 없다. 임원이 포함된 경우, 임원퇴직소득 한도에 경영성과급 DC도 포함된다. 경영성과급 DC 적립 시 매년 근로소득세, 공적보험료 등 절감되는 부분과 향후 퇴직 시 임원퇴직소득 한도 초과분이 퇴직 당해년도 근로소득과 공적보험료에 합산되는 부분 등을 잘 비교해서 결정하는 것이 좋다.

임원 퇴직금이 단수제이거나 세법상 정한 임원퇴직소득 한도 또는 2배수가 안 되는 경우에는 고려해볼 필요가 있다. 사원은 법으로 정한 퇴직금 한도가 없어 경영성과급 DC로 적립되는 부분은 전액 퇴직소득세로 계산된다.

회사의 임원도 퇴직금 중간정산, 중도인출이 가능할까

임원 퇴직금은 정관 또는 정관에서 위임된 퇴직급여 지급 규정에 따라 중간정산, 중도인출이 가능하다.

임원이 퇴직연금제도(DB, DC)에 가입한 경우

임원은 근로기준법상 근로자에 해당하지 아니하지만 퇴직연금에 가입한 경우는 〈근로자퇴직급여보장법〉 제8조 제2항에 의한 중도인출 사유에 해당이 되면 가능하다.

임원이 퇴직금제도에 해당될 경우

법인세법 시행규칙 제22조 3항에 정한 사유에 근거하여 정관 또는 정관에서 위임한 퇴직급여지급 규정에 다음의 내용이 기재되어 있어야 한다.

1. 중간정산일 현재 1년 이상 주택을 소유하지 아니한 세대의 세대주인 임원이 주택을 구입하려는 경우 (중간정산일부터 3개월 내에 주택을 취득하는 경우만 해당된다)
2. 임원 본인과 임원의 배우자 및 부양가족을 포함하여 3개월 이상의 질병 치료 또는 요양을 필요로 하는 경우
3. 천재지변과 이에 준하는 재해를 입은 경우

임원이 주택 구입으로 중도인출을 신청하고자 하면 퇴직연금제도에 가입되어 있으면 근로자퇴직급여보장법에 의한 신청일 기준 현재 무주택이면 가능하다. 퇴직금제도에 가입되어 있으면 법인세법 시행규칙에 따라 1년 이상 무주택이어야 한다.

의료비의 경우에도 근로자퇴직급여보장법에서는 6개월 이상 요양을, 법인세법에서는 3개월 이상 요양으로 규정하고 있다. 주택임차 자금 용도의 중간정산은 퇴직금제도의 임원은 해당되지 않는다.

임원이 중간정산 또는 중도인출을 할 경우에 중간정산 합산 특례 적용과 임원퇴직소득 한도를 누적으로 계산하여 퇴직 시 퇴직소득세를 계산한다.

임원은 계열사간 전출입이 많다. 계열사로 전출한 회사의 경영실적이 좋지 않아 임원급여, 상여금 등이 줄어드는 경우는 이전 회사에서 중간정산을 하고 가는 경우가 많다.

최종 퇴직 시 과거 정산 받은 퇴직소득원천징수영수증과 계열사 전출 관련서류 등을 챙겨서 제출하자. 알아서 챙겨 주는 회사도 많지만 오랜 시간이 지나다 보면 지나치는 경우도 있다.

퇴직연금에 가입된 임원의 퇴직금도 압류로부터 보호가 될까

퇴직연금제의 급여를 받을 권리와 양도 금지는 근로자퇴직급여보장법상 근로자에게만 해당된다. 대표이사를 포함한 임원의 퇴직연금 급여를 받을 권리에 대한 압류는 민사집행법 등에 따라야 한다.

근로자퇴직급여보장법 제7조 수급권의 보호 1항에서는 퇴직연금제도의 급여를 받을 권리는 양도 또는 압류하거나 담보로 제공할 수 없다. 민사집행법 제246조(압류금지채권) 1항 5에서는 퇴직금과 이와 비슷한 성질을 가진 급여채권의 2분의1에 해당하는 채권은 압류하지 못한다고 명시하고 있다.

고용노동부 질의 회시집에 의하면 근로자 퇴직금은 100% 압류 금지, 임원퇴직금의 1/2은 압류하지 못한다고 구분 하였다.

임원 퇴직금 사례를 살펴보자

사례1. S회사는 퇴직 예정인 A부사장에게 임원퇴직급여 규정에 의한 퇴직금 17억원과 임원퇴직금 공로가 인정되는 임원은 퇴직위로금을 지급할 수 있다는 규정에 따라 퇴직위로금 3억원을 지급하려고 한다. 퇴직위로금 3억원을 포함한 20억원이 소득세법상 임원퇴직소득 한도에 포함되는지를 알아보자.

- 임원 승진일 : 2010년 1월 1일
- 임원 퇴직일 : 2023년 12월 31일
- A부사장 임원 급여 : 2017년도 4억원, 2018년도 4.2억원, 2019년도 4.5억원, 2020년도 4.7억원, 2021년도 5억원, 2022년도 5.5억원, 2023년도 6억원

- 2011년 말까지 임원퇴직급여규정에 따른 퇴직급여 : 2억원
- 지급하고자 하는 임원퇴직금 : 20억원
- 임원 근무기간 : 총 168개월

  2010년 1월 1일 ~ 2011년 12월 31일 : 24개월

  2012년 1월 1일 ~ 2023년 12월 31일 : 144개월

2011년 이전 근무 기간 퇴직급여액 (퇴직소득)

1. 기간안분 20억×24/168개월=285,714,285원
2. 2011년 말까지 근무 임원퇴직급여 규정 퇴직금=2억원

임원 전체 재직 기간 중 2011년 말까지 근무기간을 안분계산한 퇴직금과 2011년 말까지 임원퇴직급여 규정에 의한 퇴직금을 비교해서 유리한 금액을 선택할 수 있다. 국세청 임원퇴직소득 안내에 의하면, "2011년 12월 31일에 퇴직하였다고 가정할 때 지급 받을 퇴직소득금액'이란 퇴직소득금액에 2011년 12월 31일 이전 근무기간을 전체 근무기간으로 나눈 비율을 곱한 금액으로 한다. 다만, 2011년 12월 31일에 정관 또는 정관의 위임에 따른 임원 퇴직급여지급규정이 있는 법인의 임원이 2011년 12월 31일에 퇴직한다고 가정할 때 해당 규정에 따라 지급 받을 퇴직소득금액을 적용하기로 선택 가능하다"고 나와 있다.

위에서 총 퇴직금을 기간안분한 계산값이 많이 나오므로 1이 유리하다. 한도적용 대상 퇴직급여는 20억에서 285,714,285원을 뺀 금액 1,1714,285,715원이다

2012년 1월 1일 이후 근무 기간 퇴직급여액 (퇴직소득)

[(4억+4.2억+4.5억)÷3×1/10×96개월(2012.1.1~2019.12.31까지 임원재직기간)÷12×3배수]+[(5억+5.5억+6억)÷3×1/10×48개월(2020.1.1~2023.12.31까지 임원재직기간)÷12×2배수]=10억1,600만원+4억4,000만원=14억5,600만원

1. 임원퇴직소득 한도 초과 계산 :

   1,714,285,715원-1,456,000,000원=258,285,715원

2. 20억원을 퇴직금으로 지급할 경우 퇴직소득세 1,741,714,285원을 적용하고, 근로소득세 258,285,715원을 적용한다.

3. S회사는 A부사장에게 1,741,714,285원만 퇴직급여로 지급하고 퇴직위로금 중 258,285,715원은 퇴직 당해년도 근로소득에 합산시켜야 한다.

사례2. A회사는 대표이사를 포함한 임원, 직원 전체가 DC제도를 도입하고 있다. 2023년 4월에 퇴직한 S부사장의 기본정보는 다음과 같다.

- 임원선임일 : 2012년 1월 2일
- 퇴사일 : 2023년 4월 30일
- 임원퇴직금 직급별로 이사~전무이사 : 3배수, 부사장 : 4배수, 사장 : 5배수
- 2023. 4. 30일자, 김 부사장의 B증권사 DC 평가액은 13억원
- 회사에서 납입한 DC부담금은 11억원, 운용수익 2억원
- 퇴직위로금 2억원 추가 지급 예정

S부사장이 2012년 1월 2일부터 2023년 4원 30일까지 세법상 임원퇴직소득 한도를 계산하니 9.5억원라고 회사에서 알려줬다. 이럴 경우에는 어떻게 해야 할까.

퇴직시점 DC 평가금액이 퇴직금이다. 평가금액이 13억원으로 임원퇴직소득 한도 9.5억원을 초과한다. 초과분 3.5억원을 B증권사 DC계좌에서 상품을 매도한 후 현금화해서 퇴직 전 회사로 입금시켜야 한다.

퇴직소득세 적용은 9.5억원이고, 회사로 입금 시킨 3.5억원은 근로소득에 합산된다.

임원 퇴직위로금 2억원은 임원퇴직소득 한도 초과로 근로소득에 합산되니 IRP로 입금이 안 된다. 직원은 퇴직소득한도가 없으니 위로금은 IRP 또는 연금계좌로 지급이 가능하다.

사례3. A상사 대표이사 J사장은 2023년 12월 퇴직했다. 퇴직 후 2026년 12월 31일까지 3년간 고문으로 재직 예정이다. 2027년부터는 소득이 없는 상태이다.

- 생년월일 : 1961년 3월 10일생 (현재 62세)
- 입사일 : 1986년 12월 2일 (A그룹 내 종합상사로 입사)
- 퇴사일 : 2023년 12월 31일
- 임원승진일 : 2007년 1월 2일
- 임원승진 전 중간정산 : 2006년 12월31일 (중간정산 퇴직금 1억원, 퇴직소득세 5%)
- 2023년 12월 말 기준, 임원퇴직금 40억 (임원재직기간 16년, 세법에서

정한 지급배수 범위 내)

- A상사 임원은 퇴직금제도 운영 중

- 2023년 12월 말 기준, J사장의 예상 퇴직소득세율 25.1%

①중간정산 합산 특례 적용 시 : 퇴직소득세는 25.1% (10억원)

②중간정산 합산 특례 미적용 시 : 퇴직소득세는 28.5% (11억 4,100만원)

- J사장의 연금저축 (세제적격, 비적격) 현황

①2010년 2월 1일 가입 S보험사의 세제적격 개인연금 저축 잔고 1억 5천만원 (1억3,000만원 세액공제 받음. 2,000만원은 운용수익)

②1997년 1월 (구)개인연금 S보험사 잔고 1억7천만원

③2016년 1월 가입 A증권사 IRP 개인납입액 1억원 (세액공제 4천만원, 세액미공제 4천만원, 운용수익 2천만원)

④S보험사의 세제비적격 개인연금 보험 2억원

- J사장은 연금자산 이외 금융자산 및 임대소득 등이 있어 금융종합 과세 대상이다.

퇴직 이후 2024년 1월, J사장의 결정 사항

1. J사장은 퇴직금을 증권, 보험, 은행권의 IRP를 비교한 후 증권사 IRP 는 수시 출금과 채권 투자가 가능하다는 설명을 듣고 A증권사 IRP로 수령하기로 결정하였다. 보험사 IRP에서는 상품운용이 제한적인 신탁형 IRP에서만 수시 출금이 가능하다. 당분간 큰 자금인출 계획이 없어 연금수령연차가 쌓인 연금계좌는 고려하지 않았다.

2. 2024년 2월, J사장은 S보험사의 개인연금 잔고 1억 5천만원에 대해 연금수령한도는 1.5억/(11-10년 차)×1.2=1.8억원이나 연간 1,500만원 범위 내 연금수령하기로 하고 종합소득 합산에서 제외시켰다.

고문으로 3년간 재직 중 회사에서 건강검진 등 의료비 지원이 있으니 3년간 4,500만원만 연금으로 수령하고 3년 후 남은 연금잔고에 대해 의료비전용 연금계좌를 지정하여 의료비 인출 계좌로 이용하기로 했다.

3. A증권사로 수령한 퇴직금 40억원에 대한 운용 계획과 연금수령

① 표면금리가 높고 잔존기간 10년 미만인 국고채 투자로 나오는 이자를 연금으로 받기로 결정했다. 국고03250-3306 채권 만기수익률이 2024년 1월 현재 3.32%라는 안내를 받고 채권 매수를 했다. 연간 이자 3.25% 중 일부를 연금으로 수령하기로 하였다.

② 매월 100만원씩만 연금수령하기로 하고 연금수령개시 신청을 하였다. 100만원×12개월×10년=1억2,000만원에 대해 퇴직소득세 17.57%(25.1%×0.7) 납부

③ 11년 차 이후 연금수령분은 퇴직소득세 15.06%(25.1%×0.6)가 적용된다. 세율이 높고 퇴직금이 많아 세율 2.51%(17.57-15.06)는 큰 차이다.

4. 당분간 고문으로 재직 중이라 2016년 가입한 A증권사 IRP의 개인납입액에 연간 900만원을 입금 후 3년간 세액공제를 받기로 했다.

5. (구)개인연금과 세제비적격 연금보험의 경우는 비과세 수령이니 필

요시점에 연금으로 신청하기로 했다.

연금계좌에서 세액공제를 받았는지 여부는 국세청 홈텍스에서 연금보험료 등 소득, 세액공제확인서를 발급 받아 금융사에 제출해야 한다.

31
연금수령 중 사망 시
승계와 해지의 차이

IRP와 연금저축 계좌에서 연금수령 중 본인이 사망하면 유족은 연금계좌를 승계 또는 해지를 할 수가 있다. 승계와 해지에 대해 알아보자

연금계좌의 승계 방법

연금계좌 승계는 유족인 배우자만 가능하다. 가입자가 연금수령 중 사망하였더라도 배우자가 승계 후 연금을 수령하기 위해서는 배우자의 나이가 만 55세 이상이어야 하고 개인 납입액만 있는 계좌의 경우는 가입기간 5년이 경과 되어야만 배우자의 연금수령이 가능하다.

퇴직금 및 연금저축에 대한 가입일자 및 연금수령연차, 연금실제수령연차, 퇴직소득세 등은 피상속인 (사망자)의 적용기준을 따르고, 세제 적격 연금 재원과 운용수익에 해당하는 연금소득세는 승계 받은 배우자의 연령 기준을 적용한다.

회사에 재직 중 또는 퇴직 후 연금수령 중에 사망 시, 퇴직급여의 수급권이 상속자에게 상속된 경우에는 그 처분의 권한은 상속인이 결정할 수 있으며, 상속인이 피상속인의 급여에 대한 수급 방법의 선택이 가능하다고 보아야 할 것이므로 연금으로 수료할 수 있다고 사료된다.

_ 고용노동부 퇴직급여제도메뉴얼(2022. 8. 10)

사망한 날이 속하는 달의 마지막 날부터 6개월 이내 연금계좌 금융사에 승계 신청하여야 한다.

연금계좌의 해지 방법

사망으로 인해 연금계좌를 해지하는 것은 소득세법상 부득이한 사유에 해당된다. 연금개시 여부, 연금수령한도 내 수령 여부와 상관없이 해지금액 전액을 연금수령한 것으로 보고 전액 분리과세로 납세가 종결된다.

해지는 사망일이 속한 달의 말일부터 6개월 이내 해지, 인출해야 한다. 6개월이 경과하면 퇴직금 등 연금수령한도 부분만 연금수령으로 인정되고 그 이외는 연금 외 수령에 따른 세금이 부과되어 세금이 늘어날 수가 있다. 상속세 납부기한 초과에 따른 가산세도 있으니 유의해야 한다. 연금계좌 해지 후 납부한 상속세금은 공과금에 포함되어 상속세 계산 시 공제된다.

IRP계좌에서 해지할 경우 퇴직금은 피상속인의 연금실제수령 개시 연수에 따라 퇴직소득세 30~40%가 감면된다. 세액공제 받은 개인납입금과 운용수익도 해지 금액에 상관없이 피상속인 연령 기준으로 연금소득세 5.5~3.3%만 납부한다.

연금저축 계좌를 해지할 경우에도 세액공제 받은 금액과 운용수익 등은 피상속인 연령 기준으로 5.5~3.3%만 납부한다.

관련 사례를 소개한다.

A씨는 CEO로 퇴직 후 연금계좌에서 12년간 연금수령하다가 89세 질환으로 사망했다. 사망 당시 보유하고 있는 연금자산은 IRP 잔고 6.5억원 (퇴직금 5억, 세액공제 받은 개인납입금 5천만원, 운용수익 1억원)이 있고, 퇴직소득세는 15%가 적용되고 있다. 연금수령 후 세제 적격 연금저축계좌에 남은 금액은 1억원(연금저축 5천만원, 연금저축보험 5천만원) 등이 있다.

유족의 해지 후 수령 금액을 알아보자

- IRP 사망 해지 시 납부 세금 : 49,950,000원

  [(5억×15% (퇴직소득세)×60% (연금실제수령 10년 초과로 40%감면)] + [1억 5,000만원×3.3% (80세 이상 연금소득세율)] = 49,950,000원

- 연금저축계좌 사망 해지 시 납부 세금 : 3,300,000원

  1억원×3.3%=3,300,000원

- 해지 시 인출 금액 : 696,750,000원

  (6억 5,000만원−49,950,000원)+(1억원−3,300,000원)

A사장이 연금실제 수령을 9년만 하다 사망 시에는 퇴직소득세 70% 적

용으로 위의 퇴직소득세에서 750만원을 더 납부해야 된다. 퇴직 후 연금 수령이 필요치 않은 경우라도 수수료, 세금 등을 제한 후 10 만원이라도 연속해서 수령을 권한다. 중간에 공백 연도가 있으면 연금실제수령 연차에서 제외된다. 해지 시 납부한 세금 53,250,000원은 상속세 계산 시 공과금으로 공제된다. 사망한 날로부터 6개월 후 해지 시에는 위 2.5억(1.5억+1억)에 대해 기타소득세 16.5%가 납부되고 상속세 납부기한 초과에 따른 가산세도 있으니 주의해야 된다.

32

퇴직금, 퇴직연금 자산도
상속재산에 포함될까

국세청 상속재산 포함 기준에는 상속인의 사망으로 인해 피상속인에게 지급될 퇴직금, 퇴직수당, 공로금, 연금 또는 이와 유사한 것은 상속재산에 포함한다. 각종 법령에 따라 지급되는 국민연금, 공적연금(공무원, 군인연금 등) 등 유족연금 등은 상속재산에 포함되지 않는다고 명시되어 있다.

최근 퇴직금 관련 대법원 판결이 있어 소개를 한다. 퇴직금이 상속재산이냐 아니냐에 관한 대법원 판결 내용이다.

사망퇴직금이 상속재산인지 여부와 관련 2023.11.16일 선고된 대법원 2018다283049 판결에서는 단체협약에서 사망퇴직금을 근로기준법이 정한 유족보상의 범위와 순위에 따라 유족에게 지급하기로 정한 경우 개별 근로자가 사용자에게 이와 다른 내용의 의사를 표시하지 않는 한 수령권자인 유족은 상속인으로서가 아니라 위 규정에 따라 직접 사망퇴직금을 취득하는 것이므로, 이러한 경우의 사망퇴직금은 상속재산이 아니라 수령권자인 유족의 고유재산이라고 보아야 한다.

단체협약에 수령권자가 규정된 경우 사망퇴직금이 민사상 상속재산이 아니라는 취지의 판결이고, 아무런 규정이 없는 경우에는 견해의 대립이 있다. 민사상 상속재산인지 여부와 별도로 상속세법상 사망퇴직금이 상속재산으로 간주되는 것은 별개의 문제이다. _신상용 변호사 블로그 중

"재직 당시 사망으로 발생한 퇴직금은 단체협약이나 취업규칙 등에서 수령권자를 지정하고 있는 경우는 유족의 고유재산으로 보아 상속재산에 포함되지 않는다"는 대법원의 판결이다. 퇴직 이후 퇴직금을 연금계좌로 이전한 후 연금수령 중 사망할 경우는 퇴직금을 포함한 연금자산은 국세청에서는 상속재산에 포함된다고 나와 있다. 퇴직금을 연금으로 수령 중 사망 시 유족의 상속재산에서 제외될 수 있는지 여부는 좀 더 지켜봐야 한다.

3장

연금자산 운용하기

DC, IRP, 개인연금계좌를 잘 운용한다면 공적연금만으로는 부족한 노후 생활비를 보충하는 데 도움이 될 수 있다. 운용할 수 있는 상품의 범위 등을 살펴보고 각자의 투자 성향에 맞는 상품 배분으로 연금자산을 늘리는 방법을 살펴보자.

33

DC, IRP, 개인연금에서
투자 가능한 상품을 알아보자

DC/IRP계좌에서 운용할 수 있는 상품은 원리금(원금과 이자) 보장 상품, 실적배당 상품(펀드, 채권 등), 가입자가 직접 운용하는 ETF , 리츠 상품으로 크게 나눌 수 있다. 개인연금저축 계좌에서는 실적배당 상품(펀드), 가입자가 직접 운용하는 ETF, 리츠 상품으로 분류되고 연금저축보험은 보험사 공시수익률로 운용이 된다

DC/IRP 투자 가능한 상품

자산의 100% 투자 가능한 상품

- 정기예금, 우체국예금, 증권금융예금, 저축은행 예금
- 증권사 발행 원리금 보장 ELB/DLB, RP
- 보험사 GIC
- 채권형펀드, 채권형 ETF, MMF, 만기 매칭형 채권 ETF, 만기 매칭형 채권형 펀드

- 채권혼합형펀드(ETF 포함) : 주식편입 비율 50% 이하 펀드
- 적격 TDF : 주식투자 80% 이내, 은퇴예상시점 이후로는 40% 이내 유지하는 TDF
- 디폴트옵션 상품 전체
- 국가 발행 채권 : 국고채, 국민주택채권, 물가연동채권

자산의 70% 한도 투자 가능한 상품
- 주식형, 주식혼합형펀드 : 주식편입비율이 60%이상인 펀드
- 일부 채권형/채권혼합형펀드 : 주식편입비율 50% 초과 또는 투자적격 외 등급의 채권투자한도가 30% 초과하는 펀드
- 일부 부동산펀드 : 임대, 관리, 운영 관련 부동산펀드만 가능
- 특수채, 회사채, 지방채 등 : 공모발행만 투자 가능
- 주식 ETF : 해외 상장, 레버리지, 리버스, 선물 ETF는 제외
- ELS 등 파생결합상품 : 원금손실 최대 40%만 가능
- 리츠, 맥쿼리인프라 등

* 70% 투자한도는 위에서 나열한 상품의 각각의 합산이며, 투자한도 내 아래와 같은 별도의 투자 제한이 있다. 전체 자산의 100% 기준이다.

1. 동일 법인이 발행한 증권(채권)은 30%
2. 동일계열 기업군이 발행한 증권은 합산 40%
3. 사용자의 계열회사 등이 발행한 증권을 소속 회사 근로자가 퇴직연금에 투자할 경우는 DC 20%, IRP 30% 이내

IRP에서 보증형 실적배당 보험 도입 : 2023. 11.16일자부터 시행

은퇴 근로자들이 일시금 대신 퇴직금을 연금수령 지원 차원에서 2023년 11월 16일 퇴직연금감독 규정 변경에 새로이 도입된 사항이다.

납입보험료를 실적배당상품(주로 펀드)으로 운용하고, 운용이익이 발생할 경우 운용 실적에 따라 추가로 연금을 지급하고 운용 손실이 발생하면 일정 금액을 보증하는 상품이다. 연금사업자가 아직 구체적으로 출시한 상품은 없다.

DC/IRP 투자 불가능한 상품

- 투자부적격 신용등급 채권
- CB, 전환사채, 신주인수권부사채 등 주식을 취득할 수 있는 권리가 부여된 채권
- 후순위, 코코본드 채권
- 상장 주식, 증권예탁증권
- 사모 채권/ELS/DLS 등
- 위험평가액이 자산총액의 40% 초과 펀드
- 최대손실이 원금의 40% 초과하는 ELS/DLS
- ETF 중 레버리지, 인버스, 선물, 해외상장 ETF, ACE레버리지, KBSTAR코스닥150선물레버리지, KODE인버스, KODEX구리선물, TIGER 금은선물 등과 해외시장에 상장된 ETF 등은 투자 불가능

개인연금 투자 가능한 상품 (투자한도 제한이 없다)

자산의 100% 투자 가능한 상품

- 만기 매칭형 채권 ETF, 만기 매칭형 채권형 펀드

- 주식형, 채권형 펀드

- ETF 100% 투자 가능(위험자산 투자한도 없음), 금, 유가, 농산물, 원
  유 선물 ETF 투자 가능

  : KBSTAR국채선물3년, KODEX WTI원유선물(H), KOSEF미국달러선
  물 등 투자 가능

- 리츠 가능

개인연금 투자 불가능한 상품

- 정기예금, ELB, DLB, 국채, 회사채 등

- 디폴트옵션 상품

- ETF 중 레버리지, 리버스, 선물, 해외상장 ETF

- ELS, DLS

개인연금 저축 계좌에는 원리금보장 상품이 없다

연금저축은 연금저축펀드와 연금저축보험이 있다. 연금저축펀드는 펀
드이다 보니 실적 배당형 상품이 주를 이룬다. 원리금보장 상품이 없다.
대안으로 2022년부터 만기매칭형채권ETF와 만기매칭형 채권형 펀드가
출시되어 퇴직연금과 개인연금에서 투자편입이 가능하다. 이 2개의 상품

은 만기일자 있어 원금과 이자가 상환된다. 현재 시장에서는 반응이 좋아 이들의 자산규모가 계속 늘어나는 추세이다. 특히 안정적인 연금가입자들이 선호한다.

연금저축보험은 공시이율을 제공한다. 가입 후 매월 적립식으로 입금을 해야 하는데 통상 7년 이상 경과해야만 원금 수준이 회복된다. 연금저축신탁은 은행에서 주로 판매했지만 수익률이 저조하고 자산규모가 미미하여 지금은 판매가 중지된 상태이다.

만기매칭형 채권펀드에 대해 먼저 알아보도록 하자. 만기매칭형 ETF는 뒤에서 소개 예정이다. 만기매칭형 펀드는 만기 때 원금을 상환 받는 전략을 활용하기 때문에 펀드에 보유하고 있는 채권이 부도가 나지 않는 한 금리가 올라도 손실이 나지 않는다. 두 가지 상품의 특징을 소개한다.

신한만기투자형증권투자신탁제4호(채권) C pe

- 설정일 : 2023년 5월 17일
- 만기일 : 2024년 11월 15일, 만기일에 해당펀드는 청산된다.
- 운용사 : 신한자산운용, 총 보수 0.185%
- 운용자산 : 채권 100% 내 (만기를 매칭할 수 있는 회사채, 금융채 등에 투자)
- 만기목표 수익률 : 4.45% (보수 차감 전)

삼성2년만기 매칭형증권투자신탁제1호(채권) C-pe

- 설정일 : 2023년 2월 10일

- 만기일 : 2025년 2월 10일, 만기일에 청산된다
- 운용사 : 삼성자산운용, 총 보수 0.175%
- 운용자산 : 채권 100% 내 (만기를 매칭할 수 있는 한전 등 공사채, 금융채 등에 투자)
- 만기목표 수익률 : 3.7% (보수 차감 전)

34
DC, IRP에서 연금자산 운용
CASE별 사례

DC, IRP에서 100% 투자 가능한 자산 이외는 위험자산으로 분류한다.

편입 가능 CASE (위)는 위험자산 표시

- 정기예금 50%+A회사채 (위) 30%+한국전력채권 (위) 20% :
  위험자산 50%로 가능
- 증권사 발행 ELB 100% 또는 보험사 GIC 100% : 가능
- 주식혼합형 펀드 (위) 70%+채권혼합형 펀드 30% :
  위험자산 70%로 가능
- 인천지역개발채 (위) 30%+한국전력 (위) 30%+주식형펀드
  (위) 10%+국민주택1종 30% : 위험자산 70%로 가능
- 국고채 50%+물가연동국채 30%+국민주택 1종 20% :
  위험자산 0 가능
- 맥쿼리인프라 (위) 40% +롯데 리츠 (위) 30%+정기예금 30% :

위험자산 70%로 가능

- 디폴트옵션 고위험 자산 100% : 가능

- 적격 TDF 100% (주식투자한도 80% 이내, 은퇴예정시점 이후는
  40% 이내로 유지하는 TDF 가능)

- 만기매칭형 채권형 ETF 80%+정기예금 20% : 가능

- 주식형 ETF 70% (위)+채권혼합형 펀드 30% :
  위험자산 70%로 가능

편입 불가능 CASE

- 주식형펀드 (위) 40%+A회사채 20% (위)+B회사채 30% (위)+
  정기예금10% : 위험자산 70% 초과

- 현대캐피탈 1888 (위) 20%+현대캐피탈 1889 (위) 20%+정기예금
  60% : 동일 법인 (현대캐피탈) 발행 채권 30% 한도 초과로 불가

- 주식혼합형 (위) 30%+경기지역개발채권 (위) 20%+한국전력 1234
  (위) 30%+정기예금 20% : 위험자산 80%로 불가

35

ETF, 펀드 수익이 발생하여
위험자산 초과 안내를 받았다.

DC계좌에서 A전자 채권 20%, KODEX200 ETF 30%, 한국전력1076 채권20% 위험자산 한도 70%를 채우고 30%는 정기예금에 투자하고 있다. KODEX200 ETF 투자수익이 10% 발생하여 위험자산 비중이 73%로 늘어나 증권사로부터 위험자산 한도 초과라는 통보를 받았다.

위험자산 한도는 투자시점 기준이다. 매도할 필요가 없다. KODEX ETF 투자수익이 계속 불어나 위험자산 비중이 DC자산의 80%가 되어도 그냥 두면 된다. 70%가 초과 상태에서 이후 납입 부담금은 위험자산을 더 이상 매수할 수 없다. IRP에서도 동일하다.

퇴직연금감독규정 제13조 투자한도 적용에 대한 특례에 따르면 "운용지시자가 운용방법을 선정한 이후 각 운용방법에 대한 시장가치(공정가치)의 변동에 따라 투자한도를 초과하게 될 경우에는 한도 제한을 위반한 것으로 보지 아니하고 이 경우 해당 운용관리기관은 그 운용 지시자에게 해당 사실을 즉시 통보하여야 한다"고 규정되어 있다.

36

원리금보장 상품은 모두
예금자 보호가 가능할까

퇴직연금 감독규정 제8조의2에서 퇴직연금에 제공되는 원리금보장 상품은 상환금액이 원금 이외의 수익 보장과 중도해지 시에도 원금손실이 발생하지 않아야 한다. 저축은행 상품은 저축은행 사별로 예금자보호 한도 5천만원을 초과하여 투자할 수 없다고 명시하고 있다. 원리금보장 상품은 원금손실이 발생하지 않아야 하는 것이지 예금자 보호가 모두 되는 것은 아니다. 단, 우체국 예금은 국가가 전액 지급 보장한다.

예금자 보호 대상은 정기예금, 보험사 GIC이다

DC/IRP 내 퇴직연금 정기예금은 일반예금과 별도로 5천만원까지 예금자 보호가 된다. 예금보험공사의 퇴직연금 예금자보호 안내문 변경(2015년 2월 27일)에서는 DC/IRP 내 금융상품으로 운용되는 적립금에 한하여 다른 예금보호 대상 금융상품과는 별도로 1인당 최고 5천만원까지 예금자보호를 하고 2개 이상 퇴직연금에 가입한 경우 합하여 5천만원까지 보호한다고 명시하고 있다. 동일 금융사 예금은 DC/IRP 합산해서 5천만원까지 예금자 보호된다. 여기서 DB적립금 내 정기예금은 예금자 보호 대상이 아니다.

K씨가 본인 A증권사 DC계좌에 O저축은행 퇴직연금 정기예금을 3천만원, B은행 IRP에 O저축은행 퇴직연금 3천만원을 가입할 경우는 원금과 이자 포함 O저축은행 퇴직연금 정기예금 5천만원까지만 보호된다. 초과 1천만원과 6천만원에 대한 이자는 보장되지 않는다. 본인이 가입 전에 확인하여야 한다.

보험사의 GIC(Guaranteed Interest Contract) 이율보증상품은 납입 당시의 확정이율로 예치기간 동안 이율이 보장된 상품으로 보험사가 지급 보증한다. 금리연동형 상품은 정기적으로 금리가 변동하는 상품을 말하며 매월 공시되는 금리를 적용하는 상품이다.

예금자 보호가 안 되는 상품은 증권사 발행 원리금 보장 ELB/DLB, RP, 발행어음, 표지어음, 증권금융 정기예금 등이다

증권가 발행하는 퇴직연금 원리금보장 상품에는 ELB(Equity Linked Bond)와 DLB(Dervatives Linked Bond) 가 있다. ELB는 기초자산인 개별주가 또는 주가지수의 움직임에 따라 이자가 정해지는 사채이고 DLB는 주식 외 기초자산인 금리, 원자재, 환율 등의 가격 움직임에 따라 이자가 정해지는 사채이다.

ELB와 DLB는 만기 시에 원금은 지급하고 이자는 기초자산의 가격변동에 연계되어 지급하는 상품으로 발행한 증권사가 만기 시에 원금과 약정이자를 지급해야 한다. 발행한 증권사의 신용도가 중요하다. 증권사가 최근 고금리로 ELB/DLB발행이 늘어남에 따라 2023년 12월 금융감독원에서는 투자에 유의하라는 공지를 했다

금감원이 공지한 주요 내용에는 ELB/DLB 파생결합사채는 원리금 지급형 상품으로 분류되지만 예금자보호대상이 아니고 투자금도 증권회사의 고유재산과 분리되어 있지 않으니 발행회사인 증권사가 파산시에는 정해진 수익발생 조건이 달성된 경우에도 투자원금과 수익을 돌려받지 못할 위험이 있는 금융상품이라고 공지하였다. DC, IRP에서 ELB/DLB를 100% 편입이 가능하지만 너무 과다한 투자는 하지 않도록 한다.

RP(Repurchase Agreement)는 증권사가 만기일에 고객으로부터 재 매입할 것을 약정하고 채권을 매도하는 계약으로 증권사가 취급하는 확정금리 단기금융 상품이다.

발행어음은 종합금융회사 또는 인가를 받은 초대형 투자은행이 발행하는 상품이다. 퇴직연금에서는 종합금융회사가 발행한 어음만 가능하지만, 금융위원회에서는 초대형 투자은행 발행어음도 퇴직연금 원리금 보장 상품에 추가하도록 하고 있다.

한국증권금융 정기예금은 예금자 보호가 안되는 상품 이지만 한국증권금융 주요 주주가 한국거래소, 은행권, 증권사 등에서 출자한 기관으로 신용등급은 AAA이다.

이율 높은 저축은행 예금은
왜 5천만원 미만만 가입이 가능한가

DC/IRP에서 저축은행별 상품 매수는 원금, 이자 포함 예금자보호 5천만원 한도로 인해 4,500만원 내외로 매수가 제한된다. 퇴직연금 감독규정 제8조의2(기타 원리금보장 운용 방법)에서 확정기여형퇴직연금과 개인형퇴직연금 가입자의 〈상호저축은행법〉에 따른 예금, 적금에 대한 금융기관별 투자한도는 〈예금자보호법 시행령〉 제18조 제7항에 따른 보험금의 지급 한도를 초과할 수 없다고 명시되어 있다. 이로 인해 퇴직연금사업자 마다 저축은행별로 가입할 수 있는 한도를 시스템으로 설정해놓고 있다.

퇴직연금 원리금보장 상품 금리는 동일하게 제공된다

퇴직연금 감독규정 제15조4에는 원리금보장 운용 방법에 대해 거래조건 차별행위 등의 금지를 규정하고 있다.

간혹 O저축은행 3년 금리가 A증권사는 4.0%를 제공하는데, 왜 B증권사는 3.95%냐고 문의하는 경우가 있다. 이는 수익률을 단리, 복리로 조삼모사식으로 계산하는 방식에 불과하다. O저축은행이 전 퇴직연금사업자에게 제공하는 3년 만기 금리는 동일하다.

퇴직연금 감독규정 제15조4, 1항에서는 "다른 퇴직연금사업자에게 원리금보장 운용 방법을 제공하는 경우 금리 등의 조건은 자신을 운용기관으로 하는 경우나 제3의 퇴직연금사업자에게 제공하는 경우에 제시하는 조건과 동일하게 제시할 것"이라고 명확하게 규정하고 있다.

37

원리금보장 상품의 일반 중도해지와
특별 중도해지의 차이는 무엇일까

원리금보장 상품의 만기 전 해지는 일반 중도해지와 특별 중도해지가 있다. 중도해지이율은 각 정기예금 상품마다 차이가 있으니 해지 전 확인해야 한다.

일반 중도해지는 만기 전 일반 해지로 납입기간 경과일에 따라 중도해지 이율이 차등 적용되고 낮은 이율로 상환된다. 특별 중도해지는 일반 중도해지 보다 이율이 높게 책정되는 상품과 당초 약정한 이율을 일수 계산해서 주는 상품도 있다. 금융사마다 차이가 있을 수 있으니 가입한 상품약관을 참조하면 된다.

특별 중도해지 사유에는 ①퇴직급여 지급 및 연금지급의 사유가 발생하는 경우 ②근퇴법에서 정한 중도인출 사유에 해당하는 경우 ③사업자의 합병 또는 영업양도로 인하여 사용자가 근로자 대표의 동의를 얻어 해지 요청하는 경우 ④사용자가 영위하는 사업장의 파산 또는 폐업 ⑤관련 법령의 변경으로 해지가 불가피한 경우 ⑥수탁자의 사임 ⑦퇴직연금제도의 동일자산관리기관 내의 제도전환 및 급여(계약) 이전 ⑧퇴직연금가입자의 사망 ⑨수수료의 징수 등이다.

2023년 7월 12일 이후 만기 원리금보장 상품은 자동 재매수가 되지 않고 만기 후에는 원리금 보장 상품을 재예치해야 한다. 그렇지 않을 경우 디폴트옵션 원리금보장 상품을 지정하면 된다.

038

DC, IRP에서 채권 투자 방법과
장점을 알아보자

채권투자 방법에는 채권에 직접 투자하는 방법과 채권형 펀드에 투자하는 방법, 채권 ETF를 매수하는 방법 등이 있다. 채권투자란 채권을 직접 사서 보유하는 경우를 말한다.

채권이란 정부, 지방자치단체, 금융기관 또는 주식회사가 투자자를 대상으로 비교적 장기 자금을 차용하기 위해 발행한 증권이다. DC/IRP계좌에서 국채, 지방채, 회사채 등을 투자할 수가 있고 채권투자는 증권사에서만 가능하다.

재직 중 DC 계좌에서 보유한 채권은 퇴직 시 중간매도 없이 실물을 그대로 IRP로 이전되고 만기에 원금과 이자를 받을 수 있다.

먼저 채권의 종류에 대해 알아보자.

채권의 이자 지급 방법에 따른 분류
• 이표채 : 정해진 단위기간 마다 이자를 주기적으로 지급하는 방식의

채권

- 할인채 : 만기 시까지 지급해야 될 이자 대신 가격을 할인 해서 발행하는 채권
- 복리채 : 채권발행 후 만기까지 이자지급 단위기간의 수 만큼 이자가 재투자로 만기 시에 원금과 이자가 동시에 지급되는 채권이 있다

채권의 발행처에 따른 분류

구분	발행처	종류	DC/IRP투자한도
국채	국가가 발행하는 채권	국고채, 국민주택1종, 물가채	100%
지방채	지방자치단체나 지방공공기관	경기지역개발채, 서울도시철도채권 등	투자한도 70% 이내에서 종목당 30%
공사채	공공기관에서 발행하는 채권	한전채, 가스공사채 등	
금융채	산업은행 등 금융사	산금채, 농협금융지주, 캐피탈채권	
회사채	상법상 회사가 발행한 채권	LG전자채권, 삼성물산채권 등	

위의 채권에서 증권사 DC/IRP계좌에서 모바일 또는 관리직원을 통해 매수 요청하면 된다. 일부 증권사는 아직 모바일로 채권 매수가 안 되는 경우도 있다. DC/IRP 계좌 내 투자채권은 투자 적격인 신용등급 A 이상만 가능하다. 후순위채 등 위험성이 높은 채권과 사모로 발행된 채권 등은 DC/RP에서 투자가 불가하다.

DC/IRP에서 채권투자의 장점을 알아보자.

채권은 확정된 이자를 받고 만기 전에 매매가 가능한 상품이다

채권투자는 정해진 날짜에 이자를 수령하고 만기에 원금이 상환된다.

채권의 이자율은 크게 2가지 요인에 의해 결정된다. 첫째는 경기가 반영된 시장금리 상황이고, 둘째는 채권을 발행한 회사의 신용도에 의해 표면금리가 정 해진다.

채권투자의 장점은 수익성, 안전성, 유동성이 갖추어진 투자 상품이다.

첫째, 수익성면에서는 채권은 투자자가 보유 중 얻을 수 있는 수익으로 이자소득과 자본소득이 있다. 이자소득은 발행 당시 정해진 표면이자의 수익이고 자본소득은 채권도 주식과 같이 만기 전 매매로 차익을 얻을 수 있는 데 이를 자본차익이라 한다. DC/IRP 계좌에서 이자소득과 자본소득에 대해서는 원천징수 없이 상환이 된다. 세금은 추후에 퇴직 이전과 퇴직 이후로 나누어져 과세가 구분된다. (p165 참조)

둘째, 채권은 정부, 공공기관, 금융회사, 일반 주식회사 등이 신용에 따라 채권을 발행하므로 안정성이 높다. 국채를 제외하고는 발행 시 신용평가기관 평가를 받아야 하니 안전성이 확보된다.

셋째, 채권도 만기 전 채권유통 시장에서 사고 팔고 할 수 있어 유동성을 갖춘 상품 이지만 국고채, 우량채권에 한해서 가능하다. 시장여건에 따라서 매도가 안 되는 상황도 발생할 수 있으니 이를 염두에 두고 투자를 해야 한다.

채권은 투자 후 DC/IRP 잔고에는 금리추이에 따라 시가평가 적용이 된다. 주식, ETF, 펀드와 같이 매일 시세가 변한다. 이익과 손실이 왔다 갔다 하는 평가일 뿐 만기에는 채권투자 당시 확정한 원금과 이자를 받을 수 있다.

DC/IRP에서 채권투자는 일반계좌보다
유리한 조건의 가격으로 매매할 수 있다

DC/IRP 퇴직연금 가입자의 채권매매는 일반 투자자 보다 유리한 가격으로 매매를 할 수가 있다. 예를 들면 A 증권사는 DC/IRP 가입자가 매매하고자 하는 채권종목의 당일 장중 거래 가격 중 투자자에게 제일 좋은 가격을 제공한다. 국민주택 1종 23-11 채권당일 거래가격이 9500 9490 9510원으로 이루어졌다면 시장마감 후 DC/IRP 가입자 예약매수 고객에게는 9490원이 제공된다. B 증권사는 DC/IRP 가입자 대상 채권종목별 가격을 일반 투자자 공시가격보다 유리한 가격을 공시 한 후 매매를 권하는 방식으로 한다. 증권사마다 조금의 차이는 있다.

채권투자로 퇴직소득세 절세가 가능하다

K부장은 A투자회사에 책임운용역으로 근무 중이다. 매년 운용성과에 따라 성과급 차이가 많다. K부장은 업무 특성상 기본급보다 성과급 비중이 높아 매년 근로소득세, 의료보험료 등 공적보험료를 많이 내고 있어 회사 경영성과급 DC 도입 시점에 바로 가입하였다.

- 생년월일 1973년 12월 10일 (2023년 9월 현재 만 49세)
- 입사일 : 2020년 1월 2일
- A투자회사는 전원 경영성과급 DC 도입
- K부장은 성과급 90%를 경영성과급 DC에 넣고 있으며 법정퇴직금도

DC로 운용 중이다.

- 2023년 9월 현재 DC 잔고는 경영성과급 포함 5억원이다.
- 2024년 12월 퇴직 가정 시 퇴직금은 누적 운용수익을 포함 7억원가량 예상된다.
- 예상 퇴직소득세 : 26.6% (세금 2억 3,950만원)
- K부장의 DC 잔고 5억의 채권투자와 정기예금을 비교해봤다.

상 품	5년 만기 국민주택 1종	5년 만기 은행정기예금
가입일	2023. 9.20일	2023. 9.20일
연이율	4%	4%
만기일(5년)	2028. 9.20일	2028. 9.20일
5억 만기 상환금	6억(원금 5억 + 이자 1억)	6억(원금 5억 + 이자 1억)
2024년 12월 퇴직 시 평가액 (퇴직시점 2억은 추가 퇴직금 및 운용수익)	7억 5억 (채권시가평가액) + 2억	7.45억 5.45억 (정기예금 5억과 이자평가액 4500만) + 2억

K부장의 2024년 12월 퇴직 시 예상 퇴직소득

- 5년 만기 국민주택 1종 투자시는 2024년 12월 말 퇴직금 잔고는 7억 7억에 대한 퇴직소득세는 177,553, 200원 25.4%
- 5년 만기 은행정기 예금 투자 시 2024년 12월 말 잔고는 7.45억 7.45억에 대한 퇴직소득세는 191,066,750원 25.6%

K부장은 업무 특성상 성과급이 많아 경영성과급 DC로 가입함에 따라 퇴직금이 많고 이직이 많은 편이라 근속기간이 짧다. 퇴직금은 많고 근속 기간이 짧으니 퇴직소득세율이 높은 편이다. 위의 예시에 보는 바와 같이

재직 중 채권에 투자 시 금리 변동이 크지 않아 채권의 시가평가금액이 없다고 가정하면 퇴직소득세 13,513,550원을 줄일 수가 있다.

채권투자 후 금리 상승으로 평가금액이 마이너스가 되면 세금을 더 줄일 수가 있다. 5년 뒤 만기상환금은 같다. K부장이 경영성과급 DC에 가입을 안하고 성과급을 매년 상여로 받았으면 30% 이상의 근로소득세와 의료보험료 등 공적 보험료 부담이 더 컸을 것이다.

위의 사례는 채권투자 후 금리변동이 없음을 가정하고 비교한 것이다. 금리가 상승하여 퇴직시점에 평가손이 발생하면 평가금액이 줄어 DC퇴직금도 줄어들어 퇴직소득 세율을 낮출 수가 있다. 평가손이 발생하더라도 채권만기 상환금액은 처음 투자 당시 확정한 수익률로 원금과 이자가 상환이 되니 걱정할 필요가 없다. 반대로 금리하락으로 평가이익이 발생하면 세금이 더 늘어날 수 도 있으나 이럴 경우 증권사에 문의해 보유채권을 매도 후 이익을 실현시키는 것이 좋다.

어차피 이익을 실현시켰으니 늘어나는 세금부담은 감수를 해야 하는 상황이지만 정기 예금 투자와 같이 중간 미실현 이익분을 세금으로 책정되는 것보다는 실리적이라고 볼 수가 있다.

장기근속자의 경우로 퇴직소득세율이 높지 않은 경우는 계속 보유를 해도 세율에 큰 차이가 없으면 그대로 보유하면 된다.

채권투자에 따른 세금부분은 p165에서 자세히 소개하겠다.

39
채권 투자, 채권형 펀드,
정기예금의 차이점을 알아보자

우선, 채권 직접투자와 채권형 펀드 투자의 차이점을 알아보자. 채권 직접투자는 금리 상승 시 평가손 발생, 금리 하락 시 평가익이 발생한다. 만기까지 보유한다고 하면 말 그대로 평가 손실과 평가이익이다. 만기에 원금과 이자가 상환되니 손실 볼 일은 없다.

채권형 펀드의 경우에도 가입 후 금리가 상승하면 평가 손실이 발생하고 금리가 하락하면 평가 이익을 보지만 금리 상승이 장기간 이어진다면 손실을 회복하기까지는 많은 시간이 소요될 수 있다. 최근 들어 채권형 펀드보다는 채권 직접투자 또는 만기매칭형 채권 ETF 투자를 더 선호하는 경향이 있다.

채권형 펀드는 이익이나 손실을 보더라도 필요하면 언제든 현금화를 할 수가 있지만 채권 직접투자는 국채 등 우량채권을 제외하고는 만기 전 매도 시 가격차이로 손실 또는 매도가 안 되는 경우가 발생할 수가 있음을 알고 투자를 해야 한다.

채권 직접투자와 정기예금 가입의 차이점

상 품	5년 만기 국민주택 1종 23-12	우체국퇴직연금 정기예금 5년
가입일	2023년 12월 27일	2023년 12월 27일
수익률 (연이율) (1)	3.53%	3.40%
만기 상환금 (2)	117,650,000 *	117,000,000 **
만기일	2028년 12월 31일	2028년 12월 27일
중도매매	평가이익 발생 시 매매 가능	중도해지 시 저리의 이자만 수취

* 1억×3.53%×5년=117,650,000 **1억×3.40%×5년=117,000,000

- 채권수익률(연이율) 3.53%는 2023년 12월 27일자 세전 기준이다. DC/IRP에서 수령하는 채권이자와 채권매매 차익과 정기예금에서 수령하는 이자는 모두 비과세이다. 채권 투자는 세전수익률을 기준으로 보면 된다.
- 국민주택 1종 채권은 원금과 이자가 만기일에 일시 상환된다.
- 2023년 12월 기준으로 5년 만기 채권과 은행 정기예금 비교에 우체국 정기 예금이 금리가 높은 편이라 예시를 들었다.

국민주택 1종 채권의 경우 채권매수 후 시중금리 하락으로 평가이익이 발생하면 중도매매로 수익을 실현시킬 수 있는 장점이 있다. 은행 예금은 만기까지 보유해야 한다. 중도 해지를 하게 되면 일반 중도해지 적용으로 약정된 이율보다 훨씬 낮은 저리로 상환된다. 채권매수 후 시중금리 상승으로 채권투자 평가손이 발생하면 퇴직소득세 절세도 가능한 경우도 발생할 수 있음을 p160에서 살펴봤다. 여기서 평가손실은 확정손실이 아니다.

40
국채를 만기 전 매도하여
초과 수익을 실현한 사례

S전자 P부장은 DC계좌에서 2023년 3월, 국고01375-3006(20-4) 국고채를 1억원 매수 후 금리하락 시기를 이용하여 1개월 후 위의 채권을 매도하여 수익을 실현하였다.

- 투자종목 : 국고01375-3006(20-4) 국채, 표면이율 1.375%(년)
- 발행일 2020년 6월 10일, 만기일 2030년 6월 10일
- 2023년 3월, 만기가 7년 3개월 남은 국채를 DC계좌 자산에서 60% 매수
- 2023년 3월 매수가격 : 8,536 (증권사 수수료 공제 후 매수가격)
- 2023년 4월 매도가격 : 8,721 (증권사 수수료 공제 후 매도가격)
- 연 환산 투자 수익률 : 15.4%를 실현 (8,721원-8,536원)/12
- 위의 국고채는 매년 6월 10일, 12월 10일에 이자 지급이다. 3~4월은 이자 수령이 없어 매매가격 차이만 수익률 계산에 포함이 되어 있다.

국고01375-3006(20-4) 표기명 설명

- 국고 : 국가에서 발행한 국채를 말한다

- 01375 : 채권의 표면이자율을 말한다. 연 1.375% 이자를 연 2회 지급한다.

- -3006 : 채권만기일이다. 2030년 6월에 만기가 상환된다.

- (20-4) : 채권발행 연도이다. 3006으로 2030년 6월 만기 상환이니 2020년 6월에 발행된 만기 10년 국고채이다.

41
채권 만기 전 매도수익과
이자수익에 대한 세금을 확인하자

    채권투자 수익 중 채권이자 수령분과 채권매매 차익은 재직 중 DC계좌에서 발생한 부분과 퇴직 후 IRP로 이전된 부분에 대해 과세가 나누어진다.

    재직 중 DC에서 발생한 이자 수령분과 채권매매 차익은 퇴직시점에 퇴직소득세로 과세가 되고 퇴직 후 DC 보유채권이 IRP로 이전되면 그 이후 발생된 부분은 운용수익으로 연금소득세 5.5%~3.3%가 과세된다.

    DC계좌에서 채권을 매수하면 DC계좌에서 수령한 채권 과표이자+퇴직시점 채권평가이익=퇴직금으로 계산되어 퇴직소득세로 산정되고, 퇴직 후 만기 전 채권을 IRP로 실물 이전을 하면 IRP에서 수령한 채권이자와 만기 시점에 원금과 이자를 상환 받은 금액에서 퇴직 시 계산한 금액을 제한 나머지가 운용수익으로 5.5%~3.3%의 연금소득세가 과세된다.

    예를 들어, DC계좌에서 1억원의 A채권을 매수할 경우 퇴직 전 A채권 과표이자 수령금액 전체 합계 0.1억+퇴직 시 채권시가 평가금액 1.07억=1.17억원이 퇴직소득세로 계산된다. 퇴직 후 A채권을 IRP로 이전하면 이전 후부터 만기까지 과표이자 수령 0.3억+만기상환 금액이 1.3억원이면 1.6억-1.17억=0.43억원이 운용수익이 되어 연금소득세로 과세된다.

투자시점과 퇴직 당시 채권 시가평가액의 차이가 없을 경우를 가정하면 DC에서 A전자 5년 만기 회사채를 매수하고 3년 뒤 퇴직 시 만기 2년 남은 A전자 채권을 실물 그대로 IRP로 이전하였다. A전자 회사채 채권이자는 연 4회 수령을 한다. 여기서 3년간 12회 수령한 이자는 퇴직금 원금으로 퇴직소득세 과세이고, IRP로 이전 후 수령하는 2년간 8회분 이자는 IRP 운용수익으로 추후 연금소득세 5.5%~3.3%로 과세된다.

IRP 개인 납입금에서 운용한 채권이자 수령분과 채권매매 차익은 운용수익으로 추후 연금소득세 5.5~3.3%가 과세된다.

채권투자 후 만기보유 수익률이 어떻게 계산되는가

국채

종목명	국민주택1종 23-07	국가에서 발행, 국채. 투자한도 100%
신용등급	없음	국채는 신용등급이 없음
투자위험등급	초저위험	
매수일/매수단가	2023. 9.18/ 8,766원	채권 발행가격 및 권면가격(일부 예외)은 1만원, 국민주택1종은 만기일시 상환이라 할인가로 매수 매수단가 8,766원은 증권사 수수료 포함 가격
2억원 투자시 (매수수량) (a)	228,154,000	2억/8,766원을 1만원으로 환산 시 199,999,796원이 투자원금
만기일	2028. 9.30일	채권 만기상환일
발행이자(표면이율)	1.30%	복리채로 만기일시 지급. 투자기간 중간 이자 지급 없음
투자기간	5년14일	
만기상환금액 (b)	241,028,321	원금과 이자를 일시 상환 (복리채)
투자수익 (b-a)	41,028,525	DC계좌에서는 퇴직원금에 합산, IRP에서는 운용수익에 합산
투자수익률 (연 환산)	4.30%	세전투자 수익률

원화채권은 발행 당시 발행한 가격과 만기 상환 가격은 10,000원이다. 채권 투자 시 적용되는 가격은 시장에서 거래되고 있는 현재의 가격을 말한다. 발행 후 일정시점이 지나면 시장금리와 잔존만기, 표면이자 등에 의해 시장에서 채권의 가격이 형성된다.

채권투자 만기 수익률은 채권투자 시 매입한 가격과 만기 시 상환되는 원금과의 차이, 여기에 만기 보유 시까지 얻을 수 있는 채권이자의 합을 가감한 것이다. 즉, 채권의 만기까지의 모든 CASH FLOW들을 현재가치로 할인한 금액과 채권의 매수가격을 일치시키는 할인율을 채권투자 시점 만기 수익률로 보면 된다.

금융채

종목명	현대카드 861-2	금융채(신용카드채), 3개월 이표채 투자한도 30%, 계열사인 현대자동차 그룹 직원은 DC 20%, IRP 30% 매수 가능
신용등급	AA	신용평가사에 평가한 등급
투자위험등급	저위험 (4등급)	초저위험~고위험 통상 5단계로 구분
매수일/매수단가	2023.9.19/ 10,388원	매수단가에 수수료 포함
1억원 투자 시 매수 수량	96,264,000	1억/10,388원 = 96,264,000 투자원금은 99,999,043원
발행일	2022.10.13	채권발행일
만기일	2025. 10.13	채권 원금 지급일
발행이자(표면이율)	5.82%	96,264,000*5.817%*3/12 = 1,399,919원을 3개월 단위
투자기간	2년 25일	
투자수익률 (연 환산)	4.2853%(년환산)	세전투자 수익률 임
매수금액 (예시) (a)	99,999,043	
만기상환금액 (b)	96,264,000	96,264,000(수량)
이자수익 합계 ©	12,599,271	2023.10.13~2025.10.13까지 매 3개월 단위 9회차 이자 수령 합계 1,399,919 * 9 = 12,599,271
실 손익금액 (b+c-a)	8,864,228	DC계좌 3회 이자 수취 후 퇴직 IRP로 실물이전 시 ① 1,399,919*3 = 4,199,757원은 퇴직금 원금, ② 1,399,919*6 = 8,399,514원은 IRP 운용수익이 됨
연 환산수익률	4.29%	8,864,228/99,999,043 * 365/755

42

계열사 발행 채권도
DC, IRP 투자가 가능할까

가능하다. 퇴직연금 감독규정 제10조 이해상충방지 3항에서 「사용자와 독점규제 및 공정거래에 관한 법률」 제2조 제12호의 규정에 의한 계열회사 또는 「주식회사 등의 외부감사에 관한 법률」 제5조 제1항에 의한 회계처리기준에서 규정한 지분법 적용관계에 있는 자가 발행한 계열회사 및 지분법 기업이 발행한 증권은 DC형 적립금은 ①계열 동일회사 별 20% ②계열기업 합산 40%이다. IRP는 30%까지 가능하지만 계열기업 합산 40%는 적용을 받는다.

L전자 직원은 L상사 20%, L생활건강 20%로 계열기업 합산 40%까지 가능하다. 2023년 11월 16일부터 계열기업 증권투자 한도가 DC는 10→20%, IRP는 10→30%로 늘어났다.

한국전력과 같은 공기업에 재직 중인 직원은 공공기관은 공시대상 기업집단 및 상호출자제한 기업집단 지정에 해당이 안되지만 「주식회사 등의 외부감사에 관한 법률」 제5조 제1항에 의한 회계처리기준에서 규정한 지분법 적용관계에 있는 자가 발행한 계열회사 및 지분법 기업이 발행한 증권에는 해당이 되어 위와 같이 투자한도 제한을 받는다.

L전자 직원과 한국전력 직원이 자기회사가 발행한 채권에는 투자를 할 수가 없다.

근로자퇴직급여보장법 시행령 제26조 제1항 제1호 다목에 의해 퇴직연금 운용관리기관은 사용자 또는 금융위원회가 정하여 고시하는 이해관계인이 발행한 증권은 제시할 수 없다고 나와 있으니 자기회사 발행 채권에는 투자를 할 수가 없다.

_ 금융감독원 질의회시집 중 '퇴직연금 운용관리기관이 A사 직원에게 A사 발행 채권을 제안 가능 여부' 참조 (2023. 10)

43

채권 투자 후 평가금액이 마이너스다. 채권 투자도 손실을 볼 수 있을까

채권 직접투자는 금리 상승 시 평가손만 발생하지 만기 보유 시 손실 볼 일은 없다는 것을 여러 번 설명하였다. 채권가격과 수익률은 반비례한다. 금리가 오르면 채권가격이 하락해서 수익률이 하락하고, 금리가 내려가면 채권가격이 상승해서 수익률이 올라간다.

채권은 만기 또는 잔존기간이 길수록, 표면이자가 낮을수록, 채권수익률이 높을수록 금리변동에 따른 가격 변동폭이 크게 움직이는 상품이다. 채권투자는 장점이 많지만 아래와 같이 유의할 점도 있으니 잘 살펴보고 투자하자.

채권 투자를 하는 데 있어 유의할 사항

채권의 가격은 시장수익률, 표면이자율, 만기에 따라 결정된다. 금리는 인플레이션과 경기동향에 따라 움직이는 상품이다. 인플레이션이 지속되면 금리상승 압력을 받고 경기가 침체로 돌아서면 금리 하락 압력을 받는 점을 알고 투자하자.

채권 직접투자 후 만기보유로 확정수익으로 가져갈 것인지 또는 금리 하락 시 중도매매로 수익을 실현할 것인지 선택할 수 있다. 중도매매로 수익실현을 위해서는 유동성이 좋은 국고채의 경우는 가능하지만 그 이외 채권은 중간 매매가 어려울 수가 있으니 시장 여건을 잘 살펴보고 판단해야 한다. 여의치 않으면 만기까지 보유로 가져가야 한다.

예를 들어, A씨는 향후 금리하락이 예상되어 국고채 매수 후 만기 전 매도로 수익을 얻고자 한다. 2개의 국고채 ①국고 01500-3609 (표면이자 1.5%, 만기일자 2036년) ②국고 01125 3909(표면이자 1.125%, 만기일자 2039년) 중에서 어떤 채권이 좋을까. 당연 ②의 국고 01125-3909가 표면금리가 낮고 잔존기간이 길어 금리변동에 따른 가격변동 폭이 큰 채권이니 ②를 투자해야 한다. 채권듀레이션에 따른 수익률 변화를 소개하기에는 너무 복잡하니 여기서는 개념만 알고 이해를 하자.

채권투자에도 위험이 존재한다.

첫째는 채무불이행 위험이다. 발행회사의 부도 등으로 만기에 원금, 이자를 지급하지 못하게 될 가능성 및 위험을 가지고 있다. 위험을 방지하기 위해 퇴직연금에서는 A등급 이상 우량회사 채권만 매수하도록 하고 있다. 사회적 이슈가 있는 업종의 회사가 발행한 채권은 수익률이 높아도 매수를 자제하는 게 좋다.

둘째는 인플레이션 또는 기회손실 위험이다. 채권을 매수 후 인플레이션으로 물가가 올라가면 실질 구매력이 떨어진다. 그리고 채권을 매수한

연금 에센스 80

시점보다 금리상승이 지속되면 평가손이 발생하여 금리가 높은 타 상품과 비교 시 기회손실이 발생한다.

채권 직접투자 후 중도인출 사유 발생과 퇴직 후 긴급자금이 필요시 채권을 만기 전 매도를 해야 할 경우는 손실을 볼 수가 있다. 투자기간, 필요자금 등을 잘 고려해서 투자해야 한다.

44

펀드 투자 기준가,
수익률에 대해 알아보자

펀드를 투자하면 기준가(NAV Net Asset Value)라는 게 표시된다. 펀드 기준가란 펀드를 매수, 매도할 때 기준이 되는 가격이다. 주가와 동일한 개념이다. 펀드 순자산을 좌수(unit)로 나눈 값이며 1,000좌당 가격으로 표시된다. 펀드가 최초 설정될 때는 1,000원에서 시작되고 그 이후 펀드 운용 성과에 따라 매일매일 변동한다.

자산운용사에서는 펀드 내 운용하는 주식 및 채권의 당일 종가에서 운용보수와 수수료를 차감한 기준가격을 익일 아침에 공시를 한다. 매수, 매도시점에 이 기준가에 의해 펀드투자 수익률이 정해진다. 펀드를 2백만원 매수를 했다고 하면 잔고에는 2백만원/1,053.83(기준가격) = 1,897,839 좌로 표시된다. 펀드가 설정된 지 수년이 지났는데도 펀드 기준가가 1,000원 미만인 경우가 있다. 이는 펀드 설정 이후 운용을 잘못하여 수익률이 하락하여 손실이 발생한 경우와 매년 펀드결산 후 나오는 이익분배금이 펀드에 재투자되어 기준가가 다시 산정되는 경우 등이다. 재투자분

만큼 위의 좌수 수량은 늘어난다.

펀드 수익률은 어떻게 계산할까

펀드의 수익률은 (오늘의 기준가÷가입일자의 기준가 -1)×100으로 계산된다. 자산운용사에서는 각 펀드마다 운용보고서를 매월 또는 분기 단위로 공시를 한다. 운용보고서에는 개별펀드 안내개요, 각 펀드의 기간 수익률을 공시하면서 펀드운용에 기준이 되는 지수, 즉 벤치마크(BM)대비 초과 달성 또는 미달을 공시한다.

2023년 12월 8일 기준, 몇 개 펀드의 수익률을 살펴보자

삼성퇴직연금인덱스12M증권자투자신탁(채권)Ce는 1년 4.36%, 설정일(2017. 8.17) 이후는 11.51% 로 BM은 1년 4.07%, 설정일 이후는 11.78%로 나와 있다. 이 펀드는 시장지수를 따라가는 인덱스펀드이다.

미래에셋퇴직연금고배당포커스증권자투자신탁1호(주식)는 1년 18.74%, 설정일(2015. 7. 1) 이후 45.20%로 BM은 1년 16.44%, 설정일 이후는 26.57%이다. 1년 수익률은 BM을 못 따라갔지만 설정일 이후 누계로는 초과 수익 18.63%(45.2-26.57)을 내고 있다.

한국밸류10년투자연금증권전환형투자신탁1호(주식) C-E (수수료 미징구,온라인,개인연금)은 1년 21.83%, 설정일(2016. 8.31) 이후 23.06% 로 BM은 1년 18.84%, 설정일 이후는 37.71%로 1년은 BM대비 2.99%로 초과 수익을 실현하였지만 설정일 이후 누계는 마이너스 14.66%로 시장 수익률을 못 따라가고 있다.

위에서 펀드투자 수익률은 자산운용사의 운용보수와 판매사의 판매수수료, 신탁보수, 사무보수 등 제반비용을 차감한 후 계산한다. 펀드의 기준가격에는 모든 비용을 제하고 공시한다. 퇴직연금에서 펀드 투자 후 수수료를 별도로 지불하느냐고 간혹 문의하는 경우가 있다.

펀드 상품명 끝에 붙은 RP, RPe, CP, CPe, O 의미

펀드명 끝부분에 표시된 RP는 퇴직연금 전용 펀드로 창구에서 매수한 펀드, RPe는 모바일 등 온라인으로 매수하는 펀드로 구분된다. CP는 개인연금 전용 펀드로 창구 매수, CPe는 모바일 등 온라인 매수하는 펀드이다. O는 디폴트옵션 전용 상품을 표기한다.

KB글로벌AI플랫폼증권자투자신탁(주식) UH C-퇴직e 펀드명에 대해 알아보자. KB는 KB자산운용사에서 출시한 펀드이다. 통상 앞부분은 펀드를 출시한 운용사명을 나타낸다. 글로벌AI플랫폼은 디지털 경제를 이끌어가는 전세계 대표적인 AI플랫폼 기업에 투자를 표시한다. (주식)은 주식편입비중이 90% 이상, UH는 해외펀드로 환헷지를 안하는 펀드, C-퇴직e는 퇴직연금 전용, e는 온라인 판매라는 의미를 부여하고 있다. 펀드명에는 운용사, 상품, 퇴직연금 (또는 퇴직), 개인연금으로 표시되어 있다.

이외 펀드명에 채권은 국내채권이 100%, 주식혼합은 국내주식이 60% 미만, 채권혼합은 국내주식이 50% 미만이 편입된 펀드이다.

연금 에센스 80

45

퇴직연금, 개인연금 펀드에
선취, 중도환매 수수료가 있을까

퇴직연금, 개인연금 전용 펀드는 선취, 중도환매 수수료가 없다. 가입 후 언제든 환매가 가능하다.

선취 수수료란 펀드 가입시점에 수수료를 먼저 제하고 시작하는 펀드 이다. 선취 수수료 펀드의 경우는 후취 수수료가 저렴한 편이다.

중도환매 수수료란 펀드 가입 후 약정된 만기일이 지나기 전에 환매를 하면 부과되는 중도해약 수수료를 말한다. 일반 공모펀드의 경우 통상적 으로 90일 또는 180일 이내 환매하면 이익금에 대해 중도환매 수수료를 부과한다. 펀드운용의 안정성을 위해 이익금의 70%를 부과하는 펀드도 있다.

46
ETF와 펀드의 차이점을 알아보자

ETF(Exchange Traded Fund)란 말 그대로 지수를 추종하는 펀드를 상장시켜 투자자들이 주식처럼 편리하게 거래할 수 있도록 만든 상품이다.

투자자들이 개별 주식을 고르는 데 수고를 하지 않아도 되는 펀드투자의 장점과 언제든지 시장에서 원하는 가격에 매매할 수 있는 주식투자의 장점을 모두 가지고 있는 상품이다.

인덱스펀드 및 가치주, 배당, 기술주, 바이오, 자동차 등 다양한 스타일을 추종하는 펀드가 주식시장에 상장되어 거래되고 있다.

주가지수 추종 ETF와 인덱스펀드의 비교

구 분 (비교 상품)	ETF TIGER KOSPI (277630)	펀드 미래에셋인덱스플러스연금증권전환형 (주식) 개인연금
구성종목	KOSPI 대형주 위주	TIGER200, 삼성전자 등 KOSPI 대형주
결제주기(현금화)	T+2	T+4일
장중거래	가능(사고 팔고 회수 제한 없음)	불가능
총 보수	0.17%	0.815%
매수 시 매도 시	장중 시장가격(주식매매와 같음) 장중 시장가격(주식매매와 같음)	T+2~3일자 펀드 기준가격으로 매매 T+2~3일자 기준가격 적용
시장대응	즉시 대응	ETF보다 늦음
수익률	1년 17.75% 3년 -5.52%	1년 20.84% 3년 -9.08%

◆미래에셋자산운용의 ETF, 펀드 수익률 참조(2023.3.14 기준)

특정 지수를 동시에 추종하는 ETF와 인덱스펀드와의 상관관계에 있어서 ETF는 보수가 저렴하여 인덱스펀드보다는 수익률이 조금 앞서고, 시장상황에 빠르게 대응을 할 수 있는 장점이 있는 반면, 시세를 너무 자주 보다 보면 잦은 매매로 장기투자의 흐름을 놓치는 경우도 있을 수 있다. 각자의 성향에 맞게 투자하면 된다. ETF와 펀드는 지수를 추종하는 인덱스, 2차 전지, 바이오, 헬스, 로봇 등 다양한 섹터/테마들이 계속 출시되고 있다.

ETF에 대한 종합 정보를 안내하는 사이트인 한국거래소 http://data.krx.co.kr/, ETF CHECK www.etfcheck.co.kr, www.search-etf.com 등을 참조하면 된다.

그리고 발행한 자산운용사 ETF를 참조하면 된다. 삼성자산운용 KODEX ETF, 미래에셋자산운용 TIGER ETF, 한국투자신탁운용 ACE ETF, KB자산운용 KBSTAR ETF, 신한자산운용 SOL ETF, 키움투자자산운용 KOSEF, 한화자산운용 ARIRANG, 엔에이치아문디자산운용 HANARO ETF, 타임폴리오자산운용 TIMEFOLIO ETF 등이 있다.

ETF 매매 시 수수료와 거래세가 부과될까

DC/IRP계좌에서 ETF 매매에는 수수료가 없다. 상장된 모든 ETF는 거래세가 면제되어 DC/IRP에서도 거래세가 없다. 매매 수수료, 세금이 없어 일일 무제한 매매가 가능하다. 개인연금계좌에선 소액의 수수료가 있을 수 있으니 거래 금융사에 확인이 필요하다. 일반 증권계좌에서 ETF를 사고 팔 때는 주식매매와 동일한 수수료가 부과된다. 국내 주식형 ETF는 매도 시 세금이 없고 그 이외 ETF는 배당소득세, 해외 ETF는 매도 시 양도소득세와 배당소득세를 부과한다.

ETF투자에 괴리율이란 무엇일까

ETF의 괴리율이란 시장가격과 순자산가치 (Net Asset Value, 기준가격 이라고도 함)와의 차이를 말한다. 괴리율은 {(시장가격-기준가격) / 기준가격}×100으로 계산된다.

순자산가치란 ETF가 보유하고 있는 주식, 채권, 현금, 이자, 배당금 등을 포함한 자산총액에서 운용보수 등 ETF운용 중 발생한 부채총액을 차감한 순자산가치를 말한다. 지금 당장 ETF를 청산했을 때 남는 금액이 얼마 인지를 의미하는 청산가치 라고도 한다.

순자산가치는 매일 시장 마감 이후 ETF가 보유한 주가에 따라 NAV가 산출된다.

시장가격>순자산가치이면 시장가격이 자산가치 보다 높게 거래되고, 시장가격<순자산가치는 시장가격이 자산가치보다 낮게 거래된다고 보면 된다.

ETF 시장가격이란 주식시장에 거래되는 가격을 말한다.

다음 2개의 ETF를 살펴보자.

SOL의료기기소부장 FN(464610)의 경우 2023년 12월 28일자 NAV는 9,610.07원, 당일 종가는 9,525원이다. 괴리도는 -85.07원, 괴리율은 -0.89%이다.

KODEX 200 (069500)은 NAV가 36,166.84원 당일 종가는 36,170원으로 괴리도는 3.16, 괴리율은 0.01%이다.

KODEX 200은 시장지수를 근접하게 추종하고 있다. 운용규모가 큰 ETF일수록 괴리율이 적어지기 때문에 순자산 총액이 큰 상품을 고르는 것이 좋다.

47

연금자산에서 투자 가능한
ETF의 범위를 알아보자

DC/IRP와 연금저축계좌에서 투자 가능한 ETF는 차이가 있다. 투자 가능한 ETF, 투자 불가능한 ETF에 대해서 알아보자. 해외 상장된 ETF는 연금자산에서 투자가 불가능하다.

DC/IRP계좌

적립금 100% 투자 가능 ETF

- 주식 및 주식관련 집합투자증권에 40%미만 투자 ETF
- 국내채권 및 해외채권 ETF, KODEX TRF 3070(자산배분 ETF) 등
- 주식비중이 80% 이내이면서 목표 은퇴시점에는 주식비중 40% 이내인 적격 TDF ETF로서 TDF 2030, 2040, 2050 ETF 등

DC/IRP 적립금 70% 투자 가능 (위험자산 한도)

- 국내 주식 및 주식관련 집합투자증권에 40%를 초과하여 투자하는

ETF

- 해외 주식 기초자산을 추종하는 국내 운용사 ETF로 KODEX 미국 S&P500TR, TIGER 나스닥 100, TIGER 미국 나스닥 바이오 등

DC/IRP 투자불가 ETF

- 레버리지 ETF, 인버스 ETF, 파생형(위험평가액 40% 이상) 상품ETF
- 선물ETF (유가, 농산물, 원자재 등) , 해외 상장 ETF 등

개인연금계좌

개인연금계좌에서의 투자 가능 ETF는 자산의 100%까지 가능

- DC/IRP에서 투자 가능한 전체 ETF와 선물 ETF (유가, 농산물, 금 등)도 투자가 가능하다.
- 개인연금에서도 레버리지, 인버스 ETF, 파생형(위험평가액 40% 이상) 상품ETF, 해외직상장 ETF 등은 투자 불가하다.

해외 상장 ETF인 JPEQ (나스닥 100종목 내 옵션전략으로 월배당 지급), QUAL(대형주 위주 편입) 등 해외 ETF는 DC/IRP, 개인연금 에서 거래를 할 수 없다. 해외 시장지수, 섹터지수를 추종하는 국내 운용사 ETF만 가능하다. 예를 들면, KBSTAR 미국나스닥 100, KODEX 미국 S&P500, KODEX 미국 S&P500 테크놀로지, TIGER 미국배당+7%프리미엄다우존스 등이다.

다양한 ETF 상품의 이해를 돕기 위해 '삼성자산운용 펀드솔루션 ETF 포커스'에서 발췌한 분류별 ETF 종목을 소개한다.(2024.1.22기준)

국내주식 ETF
TIGER Fn반도체TOP10
KODEX 코스닥150
SOL 반도체소부장Fn
TIGER AI반도체핵심공정
KODEX AI반도체핵심장비
TIGER 2차전지소재Fn
KODEX 200
KBSTAR 비메모리반도체액티브
KODEX 2차전지산업
TIGER 2차전지테마

해외주식 ETF
TIGER 차이나전기차SOLACTIVE
TIGER 미국필라델피아반도체나스닥
TIGER 미국테크TOP10 INDXX
TIGER 미국나스닥100커버드콜(합성)
TIGER 차이나항셍테크
TIGER 미국S&P500
ACE 미국주식베스트셀러
TIGER 미국테크TOP10 + 10%프리미엄
TIGER 미국배당 + 7%프리미엄다우존스
TIMEFOLIO 글로벌AI인공지능액티브

채권 ETF
KBSTAR 미국채30년엔화노출(합성 H)
KODEX 미국채울트라30년선물(H)
SOL 미국30년국채커버드콜(합성)
TIGER 미국채30년스트립액티브(합성 H)
ACE 26-06 회사채(AA-이상)액티브
TIGER 미국달러단기채권액티브
KBSTAR 머니마켓액티브
KODEX 국고채10년액티브
KODEX 24-12 은행채(AA + 이상)액티브
ACE 미국30년국채액티브(H)

통화 ETF
TIGER 일본엔선물
KODEX 미국달러선물
KOSEF 미국달러선물
* 선물ETF는 DC,IRP 투자 불가능, 　개인연금 투자 가능

자산배분 ETF
ACE 엔비디아채권혼합블룸버그
TIGER 테슬라채권혼합Fn
TIGER 미국테크TOP10채권혼합
TIGER 미국나스닥100TR채권혼합Fn
ACE 미국S&P500채권혼합액티브
KODEX TRF3070
SOL 미국TOP5채권혼합40 Solactive
KODEX TDF2050액티브
ACE 미국나스닥100채권혼합액티브
KODEX 200미국채혼합

레버리지/인버스 ETF
KODEX 200선물인버스2X
KODEX 코스닥150선물인버스
KODEX 코스닥150레버리지
KODEX 레버리지
KODEX 인버스
KODEX 2차전지산업레버리지
KBSTAR 2차전지TOP10인버스(합성)
TIGER 200선물인버스2X
KODEX 차이나H레버리지(H)
TIGER 코스닥150선물인버스
* DC, IRP, 개인연금에서 투자 불가

금리 ETF
TIGER CD금리투자KIS(합성)
KODEX KOFR금리액티브(합성)
KODEX CD금리액티브(합성)
ACE 미국달러SOFR금리(합성)
KODEX 미국달러SOFR금리액티브(합성)
TIGER KOFR금리액티브(합성)
ARIRANG KOFR금리
TIGER 미국달러SOFR금리액티브(합성)
HANARO CD금리액티브(합성)
히어로즈 CD금리액티브(합성)

원자재 ETF	부동산 ETF
KODEX 은선물(H)	TIGER 리츠부동산인프라
KODEX WTI원유선물(H)	TIGER 미국MSCI리츠(합성 H)
ACE KRX금현물	KODEX TSE일본리츠(H)
KODEX 골드선물(H)	KODEX 다우존스미국리츠(H)
KODEX 구리선물(H)	ARIRANG K리츠Fn
TIGER 원유선물Enhanced(H)	TIGER 리츠부동산인프라채권TR KIS
TIGER 골드선물(H)	ACE 싱가포르리츠
KBSTAR 팔라듐선물(H)	KBSTAR 글로벌데이터센터리츠나스닥(합성)
KODEX 3대농산물선물(H)	히어로즈 리츠이지스액티브
TIGER 구리실물	히어로즈 글로벌리츠이지스액티브

* 선물을 제외한 금현물, 구리실물 만 DC,
  IRP 투자가능, 개인연금은 전체 가능

48
ETF 투자의 분배금이란 무엇일까

    ETF분배금이란 주식의 배당금과 같다. ETF에 편입되어 있는 주식에서 발생한 배당금과 채권에서 발생한 이자와 주식대여 수입 등이 ETF 자산에 입금된다. 이렇게 모인 현금자산을 ETF 투자자들에게 돌려주는 데 이를 ETF분배금이라고 한다.

    상장기업 대부분은 12월 결산으로 매년 2~4월에 배당금을 지급한다. 국내 ETF는 편입한 주식에서 수령한 배당금을 통상 4월 마지막 영업일 기준으로 4월 중순경 분배금으로 지급한다. ETF마다 차이는 있지만 매년 1월, 4월, 7월, 10월 마지막 거래일이 분배금 지급 기준일이다. 분배금액, 지급기준일, 지급횟수 등은 ETF 종목별로 차이가 있다.

    주식의 배당락과 같이 ETF도 분배 기준일에는 분배락이 발생한다.

49

ETF 매매 차익과
분배금 수익에 대한 세금

DC/IRP, 개인연금저축에서 투자한 ETF매매차익과 분배금은 세금 원천 징수 없이 그대로 입금된다.

DC계좌에서 ETF 매매 차익과 수령하는 분배금은 퇴직금으로 합산되어 추후 퇴직소득세로 계산되고, IRP, 개인연금에서의 분배금은 운용수익으로 계산되어 추후 5.5~3.3%의 연금 소득세가 과세된다. 앞서 P040에서 살펴본 채권이자 수령, 채권매매차익에 대해 구분과세와 동일하다.

일반 증권계좌에서 ETF 분배금을 수령하면 15.4% 원천징수 후 입금된다.

50
ETF를 증권, 은행, 보험에서
매매할 때의 차이

    증권사의 DC/IRP와 개인연금계좌에서 ETF 매매는 주식과 같은 거래 시스템으로 실시간 가능하여 시장에 빠른 대응을 할 수 있다. 증권사는 거래 가능한 연금 전용 ETF도 많이 상장되어 있다.

    최근 은행권, 보험권도 ETF 매매가 가능하지만 체결가격 확인은 시장 마감 후 또는 익일에 가능하다.

    지금 시장에서 거래되는 가격이 체결되는 게 아니고 장중에 주문을 받아 주문 입력을 하는 시스템이라 주문 후 취소가 불가해 시장 급변에 따른 신속한 대응을 할 수가 없는 불편함이 있다. 등록된 ETF종목 수도 제한적이다.

51

합성 ETF를 연금자산에서
투자가 가능할까

    합성 ETF란 자산운용사가 개별 주식에 투자하지 않고, 거래 상대방과 스왑거래를 진행해서 목표지수 수익률을 제공받는 방식으로 운용하는 ETF로 일부 합성 ETF는 연금자산에서 투자가 가능하다. 일반 ETF는 기초지수를 구성하는 주식을 편입해서 포트폴리오를 구성한다.

    지수 구성종목을 직접 매매하기 쉽지 않은 경우 운용사는 직접 운용이 어려운 투자상품을 상대방과 스왑 계약을 통해 목표지수의 수익률을 제공받고 이에 상응하는 비용을 지불하는 구조이다.

    합성 ETF 수수료가 일반 ETF보다 수수료보다 조금 높은 편이다. 합성 ETF는 종목에 따라 DC/IRP, 개인연금계좌에서 가능한 경우도 있다. 투자가 가능한 합성 ETF 구조에 대해 소개한다.

TIGER 미국 나스닥100커버드콜(합성) (종목코드 441680)

- 자산운용사 : 미래에셋자산운용, 상장일 : 2022년 9월 22일
- 총보수 : 0.37%

- 분배금 : 매월 지급 (2022년 11월~2023년 12월, 매월 90~101원을 지급하고 있다)
- 수익률은 2023년 12월 29일 기준으로 1년 24.7% (매월 분배금을 재투자한다고 가정한 수익률)
- 운용구조 : Nasdaq100을 복제하는 주식 포트폴리오를 매수하면서 동시에 Nasdaq100 ATM 콜옵션을 매도하는 전략의 지수
- 상기 ETF 월 분배금은 나스닥100지수 콜옵션 매도 시 얻는 프리미엄을 재원으로 지급하는 커버드콜 전략을 취하는 ETF다.

* 커버드콜이란 주식 현물 포트폴리오를 구성하고 동시에 동일한 규모의 콜옵션을 지속적으로 매도하면서 수취하는 옵션 프리미엄이 커버드콜 ETF의 분배금 재원이 ETF다.

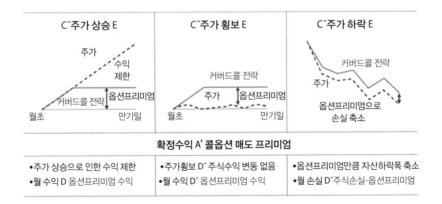

C″ 주가 상승 E	C″ 주가 횡보 E	C″ 주가 하락 E
확정수익 A′ 콜옵션 매도 프리미엄		
• 주가 상승으로 인한 수익 제한 • 월 수익 D 옵션프리미엄 수익	• 주가횡보 D″ 주식수익 변동 없음 • 월 수익 D″ 옵션프리미엄 수익	• 옵션프리미엄만큼 자산하락폭 축소 • 월 손실 D″ 주식손실-옵션프리미엄

◆ 미래에셋투자와 연금센터, 미래에셋자산운용 김수명의 '월 배당 ETF 하면 꼭 등장하는 커버트콜 전략이 대체 뭐길래' 중 (2023. 11. 21)

옵션 프리미엄은 주가의 방향과 관계없이 옵션을 매도하여 얻는다. 따라서 모든 국면에 옵션 프리미엄 수익은 항상 존재한다. 주가가 하락하는 국면에서는 옵션 프리미엄을 얻었기 때문에 손실을 일부 축소하며 안정적인 포트폴리오 운용이 가능하다는 장점이 있다. 주가의 국면과 무관하게 포트폴리오의 변동성을 낮추고 안정적인 인컴 수익을 얻을 수 있는 전략으로 매월 따박따박 배당을 제공하는 월배당형 ETF에 최적화된 전략이라고 볼 수 있다.

52

월 배당금을 받을 수 있는
ETF 상품을 알아보자

ETF에서 월 배당을 주는 구조는 커버드콜 전략 운용이거나 배당성향이 높은 주식에 투자한 재원으로 운용하고 있다. 매월 배당을 주는 SOL 미국배당다우존스(446720)는 미국대표 배당 성장주에 투자한 ETF이다. ACE미국배당다우존스(402970)는 10년 연속 배당금을 지급한 고배당 퀄리티 요건을 추종한 상위 10종목을 구성한 지수를 추종한 ETF다. TIGER 미국배당+7%프리미엄다우존스(458760)는 고배당 기업 투자와 위의 커버드콜 전략으로 배당금을 지급하고 있다. 국내에서 상장되는 월 배당 ETF를 부류별로 보면 미국채권과 국내채권 투자 ETF, 미국배당다우존슨 주식 투자 ETF, 커버드콜 형태의 ETF, 리츠ETF 등이 있다.

월 배당을 주는 ETF는 2024년 1월 기준 41개가 상장되어 거래되고 있다. 월 배당 ETF 리스트, ETF 배당, 분배금에 대한 정보는 www.search-etf.com을 참고하기 바란다.

월 배당 ETF 리스트

NO	종목명(종목코드)	배당금(원)/지급일
1	ACE미국30년국채액티브(453850)	30 / 2024.1.3
2	ACE미국하이일브액티브H(455660)	52 / 2024.1.3
3	ACE글로벌인컴TOP10(460960)	70 / 2024.1.3
4	ACE미국배당다우존스(402970)	45 / 2024.1.3
5	SOL미국S&P500(433330)	14 / 2024.1.2
6	SOL미국30년국채커버드콜(473330)	2023.12.27 상장
7	SOL미국배당다우존스(446720)	30 / 2024. 1.2
8	SOL미국배당다우존스H(452360)	31 / 2024. 1.2
9	HANARRO미국S&P500(432840)	12. / 2024. 1.3
10	KBSTAR200고배당커버드콜ATM (290080) 개인연금만 가능	52 / 2024. 1.3
11	KBSTAR25-11회사채(AA-이상) 액티브(448600)	220 / 2024. 1.3
12	KBSTAR중기우량회사채(16340)	420 / 2024. 1.3
13	KBSTAR금융채액티브(336160)	800 / 2024. 1.3
14	KBSTRA미국S&P500H(453330)	13 / 2024. 1.3
15	KBSTAR미국S&P배당킹(460660)	25 / 2024. 1.3
16	KBSTAR미국채30년커버드콜합성(472830)	
17	KBSTAR25-03회사채(AA-이상)액티브 (464540)	230 / 2024. 1.3
18	KODEX다우존스미국리츠H(352540)	40 / 2024. 1.3
19	KODEX TSE일본리츠H(352540)	80 / 2024. 1.3
20	KODEX미국배당프리미엄액티브(441640)	53 / 2024. 1.3
21	KODEX iSHARES미국인플레이션 국채액티브(468370)	24 / 2024. 1.3
22	KODEX iSHARES미국투자등급 회사액티브(468630)	33 / 2024. 1.3
23	KODEX iSHARES미국하이일드액티브(468380)	44 / 2024. 1.3
24	TIGER미국다우존스30	40 / 2024. 1.3
25	TIGER미국MSCI리츠합성H(182480)	60 / 2024. 1.3

26	TIGER200커버드콜5%OTM(166400)	12 / 2024. 1.3
27	TIGER200커버드콜ATM(289480)	61 / 2024. 1.3
28	TIGER글로벌멀티에셋TIF액티브(440340)	30 / 2024. 1.3 =
29	TIGER미국나스닥100커버드콜합성(441680)	98 / 2024. 1.3
30	TIGER미국S&P배당귀족(42900)	15 / 2024. 1.3
31	TIGER리츠부동산인프라(329200)	15 / 2024. 1.3
32	TIGER리츠부동산인프라채권 TR KIS(341850)	11 / 2024. 1.3
33	TIGER미국캐시카우100(465670)	20 / 2024. 1.3
34	TIGER미국투자등급회사채액티브H(458260)	120 / 2024. 1.3
35	TIGER미국배당＋3%프리미엄다우존스(458750)	59 / 2024. 1.3
36	TIGER미국배당＋7%프리미엄다우존스(458750)	90 / 2024. 1.3
37	TIGER미국배당다우존스(458760)	34 / 2024. 1.3
38	TIGER배당프리미엄액티브(472150)	62 / 2024. 1.3
39	TIGER은행고배당플러스TOP10	
40	TIMEFOLIO Korea플러스배당액티브 (441800)	56. / 2024. 1.3
41	WOORI200(448100)	40 / 2024. 1.3

*출처 : search-etf 국내 월배당 ETF

53

만기가 있는
채권형 ETF 상품을 알아보자

만기가 있는 채권 ETF란 만기 매칭형 ETF라고 한다. 펀드 만기와 편입 채권의 만기를 동일하게 맞춰 금리 상승에 따른 채권 손실 리스크를 최소화한 상품이다. 만기채권 ETF의 가장 큰 장점은 만기까지 보유하면 기대되는 만기수익률을 실현할 가능성이 높다는 점이다. 채권의 특성 (만기 존재)과 ETF의 강점(분산투자 및 실시간 거래 가능을 결합한 상품으로 만기 전 매도와 매수가 가능하다.

2023년 11월 23일 만기 상환된 KBSTAR 23-11 회사채(AA-이상) 액티브 ETF (448590)에 대해 알아보자. KB자산운용에서 발행한 2022년 11월 22일에 만기 1년으로 처음 상장된 ETF다. 총보수는 0.05%이고, 잔존기간에 맞는 우량 은행채, 공사채, 회사채를 편입하여 운용한 1년 만기 ETF다.

2023년 11월 21일 거래 정지 후 2023년 11월 23일 해지 상환금이 지급되었고 매월 50~150원의 분배금이 지급되었다. 분배금 포함 5.6%의 투자수익률을 실현한 ETF 이다. DC/IRP, 개인연금 저축에서 1년간 보유하고 있었다면 5.6%의 수익이 세금 없이 지급되었다.

만기가 있는 채권 ETF는 위와 같이 기한이 도래하면 해지 상환금을 지급하고 상장폐지된다. 2024년 이후 만기가 도래하는 만기 매칭형 채권 ETF는 18개가 상장되어 거래되고 있다.

2022년 11월 22일 발행된 KBSTAR 25-11 회사채(AA-이상)액티브(464540)를 2023년 12월 28일 52,700원에 매수했을 시 수익률을 계산해보자. 만기일자는 2025년 11월 22일이다.

- ETF의 예상만기 수익률 : 3.82%
- ETF매수가격에 따른 수익률 변화 -0.02%
- ETF비용 0.10%
- 예상 만기수익률 : 3.70% (3.82 - 0.02 - 0.10)

이와 같이 만기가 있는 ETF도 중간에 매매가 가능하다.

_ KB STAR ETF 예상 만기수익률 계산 참조

만기가 없는 채권 ETF와 채권형 펀드는 가입시점에서 금리가 내려가면 이익을 보지만 반대로 금리가 올라가면 손실을 볼 수 있다. 하지만 만기채권 ETF와 만기채권형 펀드의 경우 투자 시점에 수익률을 확인할 수 있어서 리스크가 비교적 낮다.

구분	만기매칭형 채권ETF	채권직접 투자	채권형 펀드
만기여부	있다	있다	없다
만기청산	만기시 상장 폐지	만기에 원금과 이자 상환	펀드 상장폐지 요건이 아니면 만기청산이 없다
투자자금	만기상환 또는 중도매도 (중도매도시 금리추이에 따라 손실 또는 이익 볼수 있음)		

54

투자하고 있는 ETF가 청산되었다면
얼마나 회복할 수 있을까

상장 ETF도 청산하는 경우가 있다. ETF만기가 되거나 편입된 상품의
가치가 떨어지는 경우, 발행사의 사정에 의해 청산하는 경우가 있다.

청산을 할 경우 ETF 운용사는 이익에서 세금을 제하고 투자자에게 청
산시점의 순자산 가치만큼 돌려준다. 자신의 투자시점이 아닌 ETF운용사
의 청산시점 자산가치로 산정한다.

주식은 상장폐지가 되면 휴지가 되지만 ETF는 그렇지 않다. 해당 ETF
로 손실 본 금액까지는 보전하지 않는다. 시간비용 등의 기회손실도 발생
한다. 자산총액이 크고 거래량이 많은 ETF에 투자를 해야 한다. 유동성
이 좋은 ETF 라야 사고 팔기가 쉽다. 거래량이 거의 없고 순자산 규모가
적은 ETF는 청산 위험이 있으니 유의하여야 한다.

ETF 투자에 있어 유의 사항

- ETF는 주식과 같이 시장흐름에 따라 변동성이 큰 투자상품이다. ETF 초기 입문 투자자는 지수 추종 (코스피, 코스닥, 미국 S&P, 나스닥 등) ETF 위주로 소액으로 실전 연습을 키워나가는 것이 좋다.
- 섹터/테마 ETF 중 2차전지, 바이오 ETF의 경우 시장 테마에 따라 상승하였다가 테마가 식으면 낙폭이 커지고 일일 장중 변동성도 크므로 빠른 대처가 필요하다.
- DC/IRP계좌에선 ETF 매매 수수료가 없지만 개인연금에선 소액의 수수료가 있을 수 있으니 거래 금융사에 확인이 필요하다.

55
TDF 2030, 2050, 2060
숫자가 의미하는 것

TDF는 Target Data Fund의 머리 글자로 목표시점을 의미한다.

TDF 2030이란 2030년을 은퇴시점으로 보고 이에 맞도록 위험자산과 안정적인 자산 비중을 조절해나간다. 2050은 2050년 은퇴시점, 2060은 2060년 은퇴 시점을 목표로 하니 위험자산 비중이 다소 높다. 2030은 어떤 연령이 적합할까. 1970년생인 경우 60세 은퇴를 가정하면 1970+60=2030이 된다. TDF 2030이 적합하다.

이처럼 TDF 투자의 기본은 예상 은퇴시점을 정하고 그 시점에 맞는 TDF를 선택하면 된다.

TDF 계산식으로 보면 2060은 2000년생에 적합한 펀드이지만 본인의 투자성향에 맞는 TDF를 선택하면 된다. 공격적인 투자자는 2060을 선택하고 보수적이면 2030을 선택하면 된다.

이처럼 TDF 투자의 기본은 예상 은퇴시점을 정하고 그 시점에 맞는 TDF를 선택하면 된다.

생애주기관점에서 은퇴시점을 목표로 하여 기간이 많이 남아 있는 젊은 시절에는 위험자산 인 주식비중을 높이고, 은퇴시점이 가까워지면 주식비중을 줄이는 전략을 구사하는 펀드이지만 투자성향에 맞게 여기에 얽매일 필요는 없다.

자산운용사에서는 TDF 2020~2060 등으로 5년 단위의 목표시점 상품이 출시되어 있고 TDF자산비중 조절은 통상 5년 주기로 이루어진다. TDF는 대부분 해외 자산운용사에 위탁운용하는 재간접 방식과 국내 자산운용사가 자체 운용방식의 2가지 형태가 있다.

해외 운용사 위탁은 TDF에 재간접이라고 표시되어 있다. 적격 TDF는 DC/IRP 계좌 내 100% 투자가 가능하다.

56

TDF는 연금 가입자를 위한
맞춤형 상품일까

'미래에셋투자와 연금센터'에서 발간한 《연금자산관리 TDF로 자율운행 하라》에서는 TDF 상품의 4가지 특징을 안내하고 있다.

첫째, TDF는 연금 가입자를 위한 금융상품이다. 퇴직연금과 개인연금 가입자가 자산을 운용하는데 최적화된 금융상품으로 연금가입자의 노후 자금을 적립하고 인출하는 것을 도와주는금융상품이다.

둘째, 초장기 금융상품이다. 연금을 축적하고 인출하는 데까지 긴 기간이 소요된다. TDF는 이 긴 기간 동안 연금자산을 맡아 운용한다는 점에서 초장기 금융상품이다.

셋째, 글로벌자산 배분형 펀드다. TDF는 연금자산을 다양한 국가의 자산에 분산투자해서 안정된 수익을 창출한다.

넷째, 생애주기에 맞추어 자산비중을 조정한다. TDF는 가입자가 선택한 목표시점에 맞추어 펀드가 자체적으로 자산비중을 조절해준다.

또한, TDF는 예상 은퇴시점을 설정하고 투자성향과 자산배분구조를 글라이드패스(Glide path, 자산배분전략)에 따라 공격적인 운용에서 안정적인 운용으로 전환되도록 자산 비중을 자동으로 조절하는 펀드를 말한다.

국내 TDF의 글라이드패스 초기 투자 비중은 80% 내외에서 시작한다. 고객의 생애주기를 고려한 최적의 포트폴리오 관리는 은퇴잔여기간이 많이 남은 경우는 위험자산인 주식 비중을 80% 한도로 수익성을 추구하고, 은퇴시점이 다가올수록 안전자산인 채권 비중을 높여 안전성에 초점을 맞춘다. 은퇴생활기간 동안에는 높은 채권 비중과 40% 이하의 주식 비중으로 안정적인 자산관리를 한다. DC/IRP에서 자산의 100%를 편입할 수 있는 적격 TDF의 조건은 초기 주식 비중은 80%, 은퇴 이후에는 40% 미만을 맞추어야 한다.

_한국FP협회, 《연금상담전문가》 중 'TDF' 참조

월 적립식 TDF 상품의 투자 수익률

TDF 주요 상품 중 몇 개를 골라 과거 수익률을 기준으로 월 적립식 수익률을 살펴보자.

KB온국민 TDF 2050 증권투자신탁 (주식혼합 재간접형)

- 설정일 : 2017년 7월 26일, 총 보수 0.890%, 자산구성은 미국 98%, 한국 2%
- 2023년 12월 29일 기준 수익률은 1년 18.57%, 5년 51.90%, 설정 이후 42.50% 수익률은 1년 전, 5년 전의 설정일 기준 투자시점에 2023

년 12월 28일까지 실현한 성과이며, 주식비중이 90% 이상이라 DC/ IRP 위험자산 한도 70%에 포함된다.

- 퇴직연금 DC에서 매월 적립식으로 30만원을 5년 전 2018년 12월 28일부터 투자했다면 KB자산운용 펀드수익률 계산기로 나온 수익률은 15.67%. 적립식 투자 기준 연 평균 3.13%이다. 1년 전과 5년 전 시점의 투자수익률은 좋지만 2, 3년 전 수익률은 저조함을 나타내는 펀드이다.

삼성ETF를 담은 TDF2040 증권자투자신탁 Cpe

- 설정일 : 2020년 6월 16일, 총 보수 0.580%, 자산구성은 해외주식 62%, 해외채권 11.3%, 국내채권 15.2%

- 2023년 12월 29일 기준 수익률은 1년 12.48%, 3년 11.02%, 설정 이후 28.22% 수익률은 1년 전, 3년 전의 설정일 이후 투자시점 기준이며, 펀드명 끝에 CPe로 표기되어 개인연금 전용 펀드이다. 개인연금에서는 위험자산 한도 제한이 없으니 100% 투자가 가능하다.

- 매월 적립식으로 30만원을 2018년 12월 28일부터 투자했다면 삼성자산운용 펀드수익률 계산기로 나온 1년간 적립식 수익률은 7.6%, 3년 전 투자한 적립식은 연 평균 5.2%를 실현하고 있다.

미래에셋전략배분TDF2040혼합자산자투자신탁CPe

- 설정일 : 2017년 3월 21일, 총 보수 1.01%, 자산구성은 해외주식 49%, 펀드 28.9%, 채권 9.5%

- 2023년 12월 29일 기준 수익률은 1년 13.88%, 3년 10.70%, 설정

이후 56.65% 수익률은 1년 전, 3년 전의 설정일 이후 투자시점 기준이다.

- 매월 적립식으로 30만원을 1년 전 2022년 12월 28일부터 투자했다면 삼성증권에서 제공하는 펀드수익률 계산기로 나온 적립식 투자수익률은 연 7.77%, 3년 전은 연 평균 4.73%이다.

이처럼 3개의 TDF만 살펴봤는데 상품별로 수익률 편차가 있다. TDF나 일반펀드 투자수익률을 참조할 경우는 최근 1년보다는 3년, 5년의 성과를 살펴보는 것이 좋다. 월 적립식 수익률도 살펴보도록 하자.

성향에 따라 TDF 선택기준이 다르겠지만 2040 기준으로 월 적립식 투자 수익률이 4~5%면 무난한 편이다.

57

TIF와 TDF의 차이는 무엇일까

TIF란 Target Income Fund(타깃인컴펀드)의 줄임말로 '목표소득펀드'라고 한다. 은퇴 이후에 그간 축적한 재산을 효율적으로 보존하면서 안정적인 생활비를 인출하는 것을 목적으로 하는 펀드이다. 저금리, 물가상승, 장수리스크에 대비하는 목적형 펀드이다.

통상 은퇴 전인 자산 적립기에는 TDF로 운용하고 은퇴 후 자산 인출기에는 TIF투자를 추천한다. 최근 퇴직연금 사전지정운용제도(디폴트옵션) 시행에 따라 TDF와 TIF상품이 디폴트옵션 투자 포트폴리오에 많이 편입되고 있다.

KB온국민 평생소득 TIF 40 증권자투자신탁(채권혼합-재간접) C-퇴직e

- 설정일 : 2018년 3월 15일
- 운용자산 : 뱅가드 해외펀드 등 미국 99% 비중, 펀드보수 0.605%
- 2023년 12월 29일 기준, 수익률 1년 10.64%, 3년 -0.83%, 5년 19.41%, 설정일 이후 13.66%

미래에셋평생소득TIF혼합자산자투자신탁종류C-P2E(퇴직연금)

- 설정일 : 2017년 9월 29일
- 운용자산 : 미래에셋글로벌증권모투자신탁(채권) 외 맥쿼리인프라,
  국고채권 등
- 펀드보수 : 0.54%
- 2023년 12월 29일 기준, 수익률 : 1년 5.87%, 3년 2.48%, 설정일 이후
  23.01%
- 펀드자산은 538억원이다

삼성평생소득TIF60증권자투자신탁H(주식혼합-재간접)- Cpe

- 설정일 : 2018. 7. 6.
- 운용자산 : CAPITAL 그룹 해외펀드 위탁운용
- 펀드보수 : 0.60%
- 2013년 12월 29일 기준, 수익률 : 1년 8.80%, 3년 2.48%, 설정일 이후
  16.39%
- 펀드자산은 13.3억원이다.

　TIF펀드는 인컴 수익추구, 안정적 운용, 장기적인 분배금 지급 등 이 세 가지가 갖춰진 상품으로 되어 있으나 주요 TIF펀드를 살펴본 결과, 장기수익률이 양호하지 않고 미래에셋 TIF를 제외하고는 펀드운용 규모도 적정하지 않으니 참고 바란다.

58
리츠, 맥쿼리인프라도
투자가 가능할까

퇴직연금에서는 리츠, 맥쿼리인프라의 투자가 가능하지만 투자 한도가
있다. 개인연금에서는 리츠만 투자 가능하다.

- DC/IRP :

  위험자산 한도 70% 내 상장 리츠 전 종목당 30% 한도 투자가 가능
  하고 맥쿼리인프라는 위험자산 한도 70%까지 투자가 가능하다.
  매수, 매도 시 수수료는 없으나 매도시 거래세 0.1%, 농특세 0.15%가
  있다

- 연금저축 :

  상장 리츠 전 종목당 100% 투자가 가능하고 맥쿼리인프라는 연금저
  축에서 투자가 안 된다. 매수 매도 시 소정의 수수료가 있다. 증권사
  별로 차이가 있으니 확인이 필요하다.
  매도 시 거래세 0.1%, 농특세 0.15%가 있다.

리츠와 맥쿼리인프라에 대해 알아보자

리츠란 부동산투자회사법 제2조제1호에 따라 다수의 투자자로부터 자금을 모아 부동산 및 부동산 관련 증권 등에 투자, 운영하고 그 수익을 투자자에게 돌려주는 간접투자기구인 회사를 말한다.

리츠 기본 구조

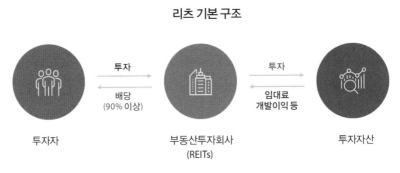

한국리츠협회, '리츠의 기본' 중

리츠를 운영하는 회사는 총자산의 70% 이상을 부동산에 투자하여야 하고 투자자에게 이익의 90% 이상을 의무적으로 배당해야 한다. 리츠 투자의 장점은 첫째, 주식처럼 원하는 시점에 매매가 가능하고 둘째, 소액으로 부동산에 투자 가능하다. 셋째, 배당 수익률이 양호해 저금리 시대 투자 대안이지만 금리상승으로 리츠 투자가 예전만큼 못하다. 최근 금리인하 이야기가 나오면서 2개월 전에 비해 리츠 주가가 많이 오르는 추세이다.

리츠의 유형을 알아보자

- 오피스 리츠는 GBD, CBD같은 오피스 구역이나 교외 지역 등 사무실을 소유 및 관리하며, 해당 부동산을 세입자에게 임대하는 리츠다.
- 리테일 리츠는 상가 등 소매 부동산을 소유 및 관리하며, 대형 쇼핑몰, 아울렛, 백화점 등으로 자산이 구성된다.
- 호텔 리츠는 호텔과 리조트 등 숙박시설을 소유 및 관리하며 운영한다.
- 주거 리츠는 다양한 형태의 주거를 소유 및 관리하며 세입자에게 공간을 임대한다.
- 물류/산업 리츠는 창고 및 유통센터와 같은 특정 유형의 부동산을 자산으로 보유하고 전자 상거래에서 중요한 역할을 하며, 빠른 배송 수요를 충족하는데 도움이 된다.
- 헬스케어 리츠는 노인 생활 시설, 병원, 의료 관련 건물, 요양원 등을 자산으로 포함한다. 미국, 캐나다, 싱가포르 등에서는 헬스케어 리츠가 운용되고 있으나 국내는 없다.
- 인프라 리츠는 광케이블, 무선 인프라, 통신타워 및 에너지 파이프라인 등이 포함된다. 맥쿼리인프라는 리츠가 아닌 인프라 관련 주식이다.

_ 한국리츠협회 자료 참조

주식시장에 상장되어 거래 중인 주요 리츠상품과 맥쿼리인프라에 대해 소개한다.

TIGER 미국MSCI리츠(합성H) 182480

- 운용사 : 미래에셋자산운용
- 상장일 : 2013년 10월 10일
- 총보수 : 0.240%
- 수익률 (2023.12.28 기준) : 1년 12.85%, 상장일 이후 79.34% (분배금 재투자 감안한 수익률)
- 미국 상업용 부동산에 투자하여 안정적인 인컴 수익을 추구
  미국 거래소에 상장된 종목 중, 규모, 유동성, 투자 용이성을 감안하여 선정된 2,500종목 중 배당가능 이익의 90% 이상을 배당하고 이익의 75% 이상이 부동산 임대와 매매에서 발생하는 종목으로 구성된 지수이다.
- 분배금 : 2014. 2.4~2023. 9.4까지, 매월 최저 40~130원 지급. 2023년은 40원 지급월이 많다.

ACE싱가포르 리츠 316300

- 운용사 : 한국투자신탁운용
- 상장일 : 2019년 1월 29일
- 총보수 : 0.40%
- 수익률 (2023.12.28 기준) : 1년 11.67%, 상장일 이후 25.26%
- 미국, 일본 등에 이어 글로벌 리츠(REITs) 세계 5위 규모를 자랑하는 싱가포르에 상장된 리츠(REITs)중 배당수준이 높고 재무적 안정성, 건전성 수준을 충족한 종목으로 구성된 "Morningstar Singapore REIT Yield Focus Index"를 기초지수로 하여 해당 지수의 수익률을

추종하는 ETF이다

- 분배금은 없다.

삼성FN리츠 448730

- 운용사 : 삼성에프앤위탁관리부동산투자회사 (최대주주는 삼성생명 외 2인 41.19%)
- 상장일 : 2023년 4월 10일
- 강남구 테헤란소재 대치타워, 중구 순화동 소재 에스원빌딩을 기초 자산으로 매입
- 분배금 : 6월 말일자 주당 58원 배당

그외 상장 리츠

- 롯데리츠 : 백화점, 마트,물류센터, 아울렛 등 롯데그룹 계열사 자산
- SK리츠 : SK서린빌딩, 116개 주유소 등
- JR글로벌리츠 : 벨기에 브뤼셀 파이낸스타워 등
- ESR켄달스퀘어리츠 : 홍콩계 ESR 물류센터 11곳
- 코람코에너지리츠 : 현대오일뱅크 직영주유소 187개
- 신한알파리츠 : 판교 크래프톤, 용산 프라임타워 등 오피스빌딩
- 이리츠코크랩 : 뉴코아아울렛, NC백화점 등 이랜드 계열사 자산
- 이지스밸류리츠 : 서울 태평로빌딩, 이천 YM물류센터, 용인 물류센 터,분당 호스트웨이IDC 등 이지스레지던스리츠 인천 부평더샵 임대 주택, 디어스 명동 등
- 미래에셋맵스리츠 : 수원광교푸르지오시티 상업시설 등

- NH프라임리츠 : 서울스퀘어, 삼성화재 서초사옥 등

  이외에도 퇴직연금, 개인연금에서 매수가능 리츠는 30개 이상 상장

  되어 있다.

다음으로 맥쿼리인프라에 대해 알아보자. 맥쿼리인프라는 한국 민간
투자사업에 참여하는 인프라 투자회사이다. 민간투자사업으로는 양양,
인천국게공항 고속도로 등 도로, 항만, 철도, 도시가스 등에 투자하고 있
다. 최대주주는 미래에셋자산운용,국민연금공단, 맥쿼리 은행, 군인공제회
등이다. 맥쿼리그룹은 경영권은 없다. 이름만 맥쿼리로 표시되고 있다.

맥쿼리인프라 088980

- 운용사 : 맥쿼리한국인프라투융자회사
- 상장일 : 2006년 3월 15일
- 아시아 최대 상장 인프라 펀드로 사회간접자본에 대한 민간투자법

  에서 허용하는 한국의 인프라 자산(도로, 철도, 항만, 에너지, 공항

  등)에 투자하는 회사이다. DC/IRP 자산의 70%한도로 가능하다
- 배당금 : 매년 6, 12월 연2회 지급, 2023년은 6.28일 기준, 8.29일에

  주당 385원 지급 2022년 770원, 2021년 750원, 2020년 720원을 지

  급했다.

59

디폴트옵션(사전지정운용제도)에 대해 알아보자

디폴트란 용어에 대해 먼저 알아보자. 디폴트는 default value에서 유래한 말로, 이용자가 값을 지정하지 않는 경우 자동으로 선택되는 것을 의미한다. 별도 설정을 하지 않으면 '초기값 또는 기본 설정값'으로 지정되는 것으로, 퇴직연금에서 디폴트옵션 이라는 개념을 가지고 와서 제도로 만들어지게 되었다.

_ 미래에셋 투자와 연금센터, '디폴트옵션' 참고

DC/IRP 가입자의 상품 운용 주체는 본인이다. 가입자가 상품선택을 지정하지 않으면 퇴직 연금 사업자는 그 돈을 현금성 자산으로 남겨 놓게된다. 현업에 집중하다 보면 내 퇴직금이 어떻게 운용되고 있는지 모르고 있거나, 한참 지난 후 "퇴직연금 사업자가 알아서 운용해주는 거 아니냐?"며 가끔 묻곤 한다.

디폴트옵션(사전지정운용방법)은 위와 같은 사례를 방지하고자 연금가입자의 수익률 제고를 위해 도입되었다. 2022년 12월 5일부터는 IRP 가입자부터 시작해서 2023년 3월 17일부터는 DC 가입자에게도 디폴트옵션

이 적용되고 있다. 퇴직연금 디폴트옵션 적용은 DC, IRP 가입자에만 해당된다.

디폴트옵션(사전지정운용제도) 지정 절차

DC 가입자들이 디폴트옵션을 지정하기 위해서는 본인의 재직회사에서 디폴트옵션 시행 내용과 퇴직연금 DC 각 사업자별 디폴트옵션 상품 조합을 규약에 넣어 근로자 과반 또는 노조 대표의 동의를 얻어 고용 노동부에 신고 후 승인이 나면 시행된다.

DC/IRP에서 디폴트옵션(사전지정운용제도) 지정은 신규 가입자와 기존 가입자로 구분된다. DC/IRP의 신규 가입자는 최초자금 입금 전에 지정을 하면 입금되는 자금은 디폴트옵션 지정상품에 자동매수가 된다. 기존 가입자가 디폴트옵션을 지정하면 만기가 있는 상품을 보유하고 있는 경우에만 해당된다.

DC/IRP 신규 가입자는 ①계좌개설 단계에서 a)퇴직연금 디폴트옵션 지정 b)디폴트옵션 미지정 c)퇴직연금 상품투자비율 등록 중 a)디폴트옵션을 지정 선택 시에는 ②DC 신규자금 또는 IRP 최초 자금이 입금 후 2주 경과시점에 ③디폴트옵션을 지정한 상품이 자동 매수되는 순서로 진행된다.

디폴트옵션 지정은 퇴직연금 사업자별로 선택이 가능하도록 하는 경우도 있고, 계좌 개설 시 디폴트옵션을 지정해야만 다음 단계로 넘어가도록 한 사업자도 있으니 참고 바란다.

한번 지정하면 디폴트옵션 상품 포트폴리오 변경은 가능하나 해지는 불가능하다. 법적 의무사항이다 보니 해지가 안 된다. 디폴트옵션 지정 상품을 더 이상 원하지 않을 경우에는 매번 현금성 유지 신청 등 번거로운 절차가 따른다.

디폴트옵션 미지정 시는 위 ②단계에서 입금 후 펀드, 예금, 채권, ETF 등 상품을 직접 매수하지 않으면 현금성 자산으로 남아 있게 된다. 디폴트옵션을 지정하더라도 2주 내 퇴직연금 다른 상품을 직접 매수하면 앞에서 지정한 디폴트옵션 상품에 우선한다. 입금액 100이라고 하면 2주 기간 내 ETF 30을 매수, 채권 30을 직접 매수하면 남은 40은 디폴트옵션 지정 상품에 자동 매수된다.

DC/IRP에서 디폴트옵션 지정을 안 한 가입자가 나중에 디폴트옵션을 지정할 경우는 만기가 있는 상품에 대해서만 디폴트옵션이 적용된다. 만기상품 종류로는 정기예금, ELB, GIC, 채권만기 상환 등이 있다. 단, 펀드조기 상환 청산, ETF 상장폐지, 예금 및 채권 만기 전 중도매매와 해지는 해당이 안 된다. 만기 전 또는 만기 후 4주 내 디폴트옵션을 지정하고 지정 이후 2주 기간 내 운용지시가 없으면 지정된 디폴트옵션 상품이 매수된다. 만기 이후 총 6주가 지나고 디폴트옵션 상품 매수가 된다. 디폴트옵션 지정과 미지정, 지정 후 기간 중 직접 매수 우선 적용 등은 위의 신규 가입자 절차와 동일하게 적용된다.

최근 '퇴직연금 활성화 방안 T/F'에서는 만기가 있는 상품의 디폴트옵션 대기 기간은 현행 6주에서 4주로 단축하는 방안을 논의 중에 있다.

디폴트옵션을 지정 후 언제든 해지가 가능할까

디폴트옵션 지정은 법적 의무사항이라 해지라는 게 없다.

디폴트옵션 상품을 더 이상 운용하지 않으려면 기존 디폴트옵션 상품은 매도하고 현금성 유지 신청을 해야 추가 적립금은 디폴트옵션에 자동 매수가 안 된다. 디폴트옵션 운용 상품을 전부 매도해도 기지정한 디폴트옵션은 해지가 안 된다.

추가 부담금도 디폴트옵션을 더 이상 운용하지 않으려면 부담금 입금 전에 매번 현금성 유지 신청을 해야 한다. 디폴트옵션 상품 매도의 경우에도 포트폴리오 내 개별상품 매도는 안 된다. 매도시점 평가금액 기준 비율 매도만 가능하다.

60

디폴트옵션을 반드시 지정해야 할까

　디폴트옵션 지정(사전지정운용방법)은 근로자퇴직급여보장법 제21조의 3, 2항에 의해 법적 의무사항이다. 가입자는 정보를 제공받은 사전지정운용방법 중 하나를 본인이 적용받은 사전지정운용방법으로 선정하여야 한다고 명시되어 있다. 퇴직연금 가입자는 법적 의무사항이나 미지정 시 불이익 조항은 없다.

　DC 가입 이후 디폴트옵션(사전지정운용방법)을 선정하지 않은 가입자에게는 사전지정 운용제도 관련 내용이 적용되지 않는다. 이때, 운용지시가 없는 가입자의 적립금은 대기성 자금으로 운용 (현금성 자산)된다. 대기성 자금으로 계속 운용할 경우 가입자의 수익률이 낮아지는 문제가 있으므로, 퇴직연금사업자는 가입자가 운용지시를 하거나 사전지정운용방법을 선정할 수 있도록 지속 안내할 필요가 있다.

_ 고용노동부 디폴트옵션(사전지정운용방법) Q&A 중

61

디폴트옵션에는 위험성향에 따라 어떤 상품이 있을까

디폴트옵션 상품에는 크게 3가지 유형의 상품으로 구성되어 있다.

1. 원리금 보장 상품

만기 3년 이상인 원리금보장 상품인 시중은행 정기예금

2. 펀드

- TDF (Target Data Fund) : 투자목표시점이 사전에 결정되고 운용기간이 경과함에 따라 투자위험이 낮은 자산의 비중을 증가시키는 방향으로 자산배분을 변경한다.
- BF(Balanced Fund) : 투자위험이 상이한 다양한 자산의 투자비율을 정해 놓고 그 범위 안에서만 운용하는 펀드
- SVF(Stable Value Fund) : 단기금융상품에 투자하는 안정적인 수익을 추구하는 펀드
- SOC(Social Overhead Fund) : 사회기반시설에 투자하는 펀드

3. 포트폴리오형 상품

원리금보장+펀드형 상품, 원리금보장상품만 구성, 펀드상품만 구성

디폴트옵션에는 위험성향별로 상품이 구성되어 있다

고용노동부에서는 투자자의 위험 성향을 고려한 디폴트옵션 상품 조합 승인을 퇴직연금 사업자별로 7~10개로 한정하고 있다. 최대 승인 상품의 수는 초저위험 1개, 저위험 3개, 중위험 3개, 고위험 3개로 하고 있다.

디폴트옵션 상품명에는 퇴직연금사업자명, 디폴트옵션, 위험등급, 운용유형 등을 순서대로 표기하고 있다. 펀드 끝부분에 O라고 표시되어 있다.

위험 성향에 따라 제시하는 디폴트옵션 상품 구성은 퇴직연금사업자 모두가 대동소이하다. 그 중 KB은행 디폴트옵션 구성과 수익률을 소개한다. 수익률은 2024년 1월 18일자 기준이다.

초저위험 : KB국민은행 디폴트옵션 초저위험 포트폴리오 지켜드림

상품명	이율	비중	펀드 수수료, 수익률 등
하나은행 퇴직연금 디폴트옵션 정기예금 3년	2.80%	30%	하나은행 3년 정기예금 2.8%
기업은행 퇴직연금 정기예금 디폴트옵션형 3년	2.80%	35%	기업은행 3년 정기예금 2.8%
신한은행 디폴트옵션 퇴직연금 정기예금 3년	2.80%	35%	신한은행 3년 정기예금 2.8%

저위험 : KB국민은행 디폴트옵션 저위험 포트폴리오1. 알파드림1

상품명	이율	비중	펀드 수수료, 수익률 등
하나은행 퇴직연금 디폴트옵션 정기예금 3년	2.80%	70%	하나은행 3년 정기예금 2.8%
키움키워드림TDF2030증권1호 (혼합) 재간접 O		20%	O클라스: 수수료 0.4312%, 6개월 수익률 3.51% CRe(퇴직연금 온라인) : 0.475%, 6개월 수익률 3.44%
삼성ETF를 담은 TDF2035 증권(혼합) 재간접 O		10%	O클라스: 수수료 0.433%, 6개월 수익률 2.68% CP2e(퇴직연금 온라인) : 0.380%, 6개월 수익률 2.65%

저위험 : KB국민은행 디폴트옵션 저위험 포트폴리오2. 알파드림2

상품명	이율	비중	펀드 수수료, 수익률 등
기업은행 퇴직연금 디폴트옵션 정기예금 3년	2.80%	50%	
NH-Amundi하나로 TDF 2035증권투자신탁(주식혼합) 재간접형 O		10%	O클라스: 수수료 0.8212%, 6개월 수익률 5.69% CRe(퇴직연금 온라인) : 0.535%, 6개월 수익률 5.68%
KB다이나믹TDF2030증권 자투자신탁(주식혼합) 재간접형 O		40%	O클라스: 수수료 0.536%, 6개월 수익률 3.93% CRe(퇴직연금 온라인) : 0.435%, 6개월 수익률 3.86%

저위험 : KB국민은행 디폴트옵션 저위험 포트폴리오3. 알파드림3

상품명	이율	비중	펀드 수수료, 수익률 등
DB손해보험 퇴직연금 디폴트옵 션 이율보증형 3년	3.56%	35%	
농협은행 디폴트옵션 퇴직 연금 정기예금 3년	2.80%	35%	
KB온국민 TDF 2035증권 투자신탁(주식혼합)재간접 O		30%	O클라스: 수수료 0.534%, 6개월 수익률 3.57% CRe(퇴직연금 온라인) : 0.48%, 6개월 수익률 3.52%

중위험 : KB국민은행 디폴트옵션 중위험 포트폴리오1. 불려드림1

상품명	이율	비중	펀드 수수료, 수익률 등
하나은행 퇴직연금 디폴트옵션 정기예금 3년	2.80%	30%	
한화LifeplusTDF2040증권 자투자신탁(혼합)재간접 O		20%	O클라스: 수수료 0.848%, 6개월 수익률 4.39% CRe(퇴직연금 온라인) : 0.715%, 6개월 수익률 4.31%
KB다이나믹TDF2040증권 자투자신탁(주식혼합) 재간접형 O		50%	O클라스: 수수료 0.549%, 6개월 수익률 4.37% CRe(퇴직연금 온라인) : 0.56%, 6개월 수익률 4.26%

중위험 : KB국민은행 디폴트옵션 중위험 포트폴리오2. 불려드림2

상품명	이율	비중	펀드 수수료, 수익률 등
IBK플레인바닐라EMP 증권(혼합)재간접 O		20.00%	O클라스: 수수료 0.922%, 6개월 수익률 4.94% CRe(퇴직연금 온라인) : 0.794%, 6개월 수익률 5.01%
미래에셋평생소득TIF혼합 자산투자신탁 O		50%	O클라스: 수수료 0.73%, 6개월 수익률 1.75% CRe(퇴직연금 온라인) : 0.54%, 6개월 수익률 1.71%
키움불리오글로벌멀티에셋 EMP증권자투자신탁UH (혼합) 재간접형 O		30%	O클라스: 수수료 0.86%, 6개월 수익률 2.05% CRe(퇴직연금 온라인) : 0.9%, 6개월 수익률률2.04%

중위험 : KB국민은행 디폴트옵션 중위험 포트폴리오3. 불려드림3

상품명	이율	비중	펀드 수수료, 수익률 등
KB라이프생명 퇴직연금 디폴트 옵션 이율보증3년	3.35%	20.00%	O클라스: 수수료 0.922%, 6개월 수익률 4.94% CRe(퇴직연금 온라인) : 0.794%, 6개월 수익률 0.21%
KB드림스타자산재배분안정 형증권투자신탁(혼합재간접) O퇴직		80%	O클라스: 수수료 0.504% 2023. 10. 4일 설정함

고위험 : KB국민은행 디폴트옵션 고위험 BF 1. 모두드림3

상품명	이율	비중	펀드 수수료, 수익률 등
미래에셋드림스타자산배분 성장형증권투자신탁(혼합 재간접형) 종류 O		100%	O클라스: 수수료 0.813%, 1개월 수익률 0.27% 2023.10.10일 설정

고위험 : KB국민은행 디폴트옵션 중위험 포트폴리오1. 모두드림1

상품명	이율	비중	펀드 수수료, 수익률 등
한국투자TDF알아서2050 증권자투자신탁UH(주식혼합) 재간접 O		20.00%	O클라스: 수수료 0.9429%, 6개월 수익률 9.22% CRe(퇴직연금 온라인) : 0.681%, 6개월 수익률 9.12%
한화LifeplusTDF2045증권 자투자신탁(혼합)재간접 O		20%	O클라스: 수수료 0.8961%, 6개월 수익률 4.69% CRe(퇴직연금 온라인) : 0.715%, 6개월 수익률 4.61%
KB온국민 TDF 2055증권 투자신탁(주식혼합)재간접 UH O		60%	O클라스: 수수료 0.58%, 6개월 수익률 9.29% CRe(퇴직연금 온라인) : 0.605%, 6개월 수익률 8.18%

고위험 : KB국민은행 디폴트옵션 중위험 포트폴리오2. 모두드림2

상품명	이율	비중	펀드 수수료, 수익률 등
한국투자TDF알아서2055 증권자투자신탁UH(주식혼합) 재간접 O		40.00%	O클라스: 수수료 0.9327%, 6개월 수익률 8.99% CRe(퇴직연금 온라인) : 0.681%, 6개월 수익률 8.90%
미래에셋전략배분TDF2050 혼합자산투자신탁 O		10%	O클라스: 수수료 0.83%, 6개월 수익률 4.227% CRe(퇴직연금 온라인) : 0.81%, 6개월 수익률 4.15%
KB다이나믹TDF2050증권 자투자신탁(주식혼합) 재간접형 O		50%	O클라스: 수수료 0.541%, 6개월 수익률 4.52% CRe(퇴직연금 온라인) : 0.56%, 6개월 수익률 4.42%

◆ 위에서 소개한 디폴트옵션 고위험 포트폴리오 상품을 100% 선택해도 위험자산 한도에 포함되지 않는다.

62

디폴트옵션을 지정하면
다른 상품은 매수할 수 없을까

살펴본 바와 같이 디폴트옵션을 지정하더라도 DC/IRP 신규 가입자는 지정 후 2주 이내, 기존 가입자는 만기 상품이 도래한 후 4주내 디폴트옵션 지정 후 2주 이내 타 상품을 매수하면 우선 적용된다. 타 상품 매수를 80%만 하면 나머지 20%는 디폴트옵션 지정 상품으로 자동매수가 된다.

지정한 디폴트옵션 상품을 타 상품으로 변경하려면 상품매도 후 현금 유지 신청을 해야 한다. 디폴트옵션 상품을 더 이상 매수하지 않으려고 하면 DC 월 불입금 입금 시마다 현금유지 신청을 해야 한다.

디폴트옵션 상품 중 하나만 매수가 가능할까

디폴트옵션을 지정하지 않은 가입자는 퇴직연금사업자가 승인 받은 디폴트옵션 상품 조합 중 하나만 선정하여 매수가 가능하다. 이를 옵트인 매수라고 한다. 또한, 하나의 디폴트옵션 상품을 운용하고 있는 중에도 추가로 하나만 디폴트옵션 상품을 지정할 수가 있다.

디폴트 옵션 조합에 있는 상품을 단품으로는 매수가 안 된다. 예를 들면 위에서 KB온국민 TDF2055 증권투자신탁(주식혼합) 재간접 UH에서 디폴트옵션 O 펀드는 수수료 0.58%이고 6개월 수익률이 9.29%이다. Cre는 수수료가 0.605%로 6개월 수익률이 8.18%이다.

O 클라스가 수익률이 1%가량 높다고 해서 이 펀드 1개만 단품 매수하는 것은 불가하다.

_ 고용노동부 사전지정운용제도(디폴트옵션) FAQ 중

63
디폴트옵션 지정과
투자비율 등록의 차이를 알아보자

투자비율 등록이란 자신이 포트폴리오를 구성해서 자금이 입금되기 전 자신의 성향에 맞는 상품을 조합해서 비율을 본인이 직접 등록하는 절차를 말한다. 최초 자금 입금 전에 디폴트옵션 지정이나 상품투자 비율 등록 중 하나를 먼저 지정하면 향후 입금되는 자금은 둘 중 하나를 따른다.

예를 들어 A씨는 디폴트옵션 지정이 아닌 본인이 투자하고자 하는 성향으로 국내 주식형 펀드 30%, 미국 주식형 펀드 40%, 1년 정기예금 30%를 운용하고자 한다면 디폴트옵션 지정에 앞서 위 상품 투자비율 등록을 하면 된다. 입금되는 자금은 위의 비율로 자동매수가 된다. 디폴트옵션을 지정한 후 2주 기간 이내 위의 상품을 비율대로 매수하면 향후 입금되는 적립금은 디폴트옵션 지정 상품으로 자동 매수가 된다. 디폴트옵션 지정이나 상품비율 등록은 최초 자금 입금 전에 등록을 해야만 계속 이어진다.

디폴트옵션 지정 시 유의 사항

- DC/IRP로 신규 가입 전 디폴트옵션 지정을 할 경우 부담금 입금 이후 2주 대기 기간이 지난 후 디폴트옵션 지정 상품에 매수가 된다. 여기서 2주간 기일 산정은 가입자에게 알림톡, 이메일은 통지 익일부터, 우편발송은 발송일로부터 +2일을 적용한다.

  첫 부담금이 디폴트옵션 지정 상품에 운용된 이후 입금되는 계속 부담금 등은 2주간 대기 없이 상품 매수가 된다.

  경영성과급과 일시 부담금 등도 대기 없이 매수가 되지만 큰 자금이 입금되는 경우에는 퇴직연금사업자가 가입자에게 입금 사항을 적극적으로 안내해야 한다. _고용노동부 사전지정운용제도(디폴트옵션) FAQ 중

- 디폴트옵션 지정을 최초 자금 또는 계속 부담금이 입금된 이후 지정을 하면 운용 상품 중 만기가 된 자금만 디폴트옵션이 적용된다. 현금잔고 전체가 디폴트옵션 적용이 안 된다.

- 디폴트옵션 지정을 한 상태에서 ETF, 채권, 펀드 등을 매수하고 매도한 금액은 그냥 현금으로 남아 있게 된다.

- 2023년 7월 12일 이후 만기되는 예금은 자동 재예치되지 않고 현금으로 남아 있게 된다.

- 디폴트옵션 정기예금은 만기 3년 이상이다. 디폴트옵션 전용 3년 정기예금 이율은 DC/IRP의 3년 정기예금보다 0.10% 내외로 높은 편이다. 은행 정기예금은 은행별로 DC/IRP 합산 5천만원까지만 원리금보장이 된다

- 2024년 1월 기준, 현재, 하나은행 1년 정기예금 3.49%, 디폴트옵션

하나은행 3년 금리는 2.8%이다. 1년 뒤 시장금리가 내리면 지금의 3년 예금이 유리하겠지만 금리가 오르면 오히려 기회손실이 날 수 있다. 중간에 갈아타면 일반 해지 금리가 적용되어 금리 손해를 볼 수가 있다.

• 펀드의 경우에도 위의 표에서 보면 디폴트옵션 내 펀드 상품과 동일한 DC/IRP 내 퇴직연금 직접매수 상품과는 수수료 차이로 인한 수익률 차이가 근소하게 나타난다. 동일 펀드라도 디폴트옵션 내 펀드 수수료가 더 비싼 경우도 있어 주의해야 한다.

예를 들면 한국투자TDF 알아서 2050 증권자투자신탁 UH(주식혼합) 재간접 O펀드의 경우 수수료가 O클라스 (디폴트옵션)는 0.9357%, CRe (퇴직연금 온라인)는 0.681%이다.

• 디폴트옵션 내 펀드 조합은 TDF, EMP가 주를 이루고 있다. DC 가입자는 디폴트옵션을 지정하면 매월 적립식으로 상품이 매수가 된다. 금융사에서 펀드 수익률이 1년 10%라고 하면 1년 전 100을 투자했을 경우 수익률을 공지한다. 적립식 투자 수익률과는 차이가 있다. 시장상황에 따라 매월 매수하는 펀드 기준가격이 차이가 나기 때문이다.

예를 들면, 삼성ETF를 담은TDF2035증권자 투자신탁 C-Pe를 기준으로 보면 2023년 12월 28일 현재, 6개월 수익률은 -2.60%, 1년은 3.56%로 나와 있다. 매월 10씩 적립식으로 투자를 한다면 6개월은 -1.6%, 1년은 0.2%로 나온다. _삼성자산운용 ETF 수익률 조회란 참조

디폴트옵션은 법적 의무사항이다. 초기에 시행하다 보니 앞서 살펴본

바와 같이 불편한 점이 다소 있다. 디폴트옵션이 필요한 가입자는 바쁜 현업일로 퇴직연금 운용에 시간적 여유가 없거나 매월 들어오는 적립금을 원리금보장 상품에 안정적으로 운용을 하고자 하는 가입자 등이다. 디폴트옵션을 지정했더라도 각자의 투자 성향에 맞게 상품을 운용하면 된다.

4장

기초연금
국민연금
주택연금
이해하기

이 장에서는 각 연금의 기본 개념만 소개한다. 기초연금, 국민연금, 주택 연금에 대해 사람들의 관심이 많아지고 있다. 만약, 자신이 이 연금 중 하나에 해당되어 좀 더 궁금한 사항이 있으면 해당 기관에 문의하자. 예외 사항이 너무 많고 수시로 변경되는 부분들도 많다.

64

나도 기초연금 대상이 될 수 있을까

기초연금은 국가의 세금으로 지급한다는 점에서 0층 연금이다. 최근 기초연금에 대한 관심들이 많아졌다. 많은 은퇴자들이 '나도 혹시 기초연금 수령대상은 아닐까?' 하는 마음속 생각들을 많이 하는데, 조건이 다소 복잡하고 까다롭다.

기초연금 지급액은 2024년 기준, 1인 단독가구 334,000원, 부부가구 534,000원이다. 기초연금은 만 65세 이상, 대한민국 국적을 가지고 있으며, 국내에 거주(주민등록법 제6조1,2호에 따른 주민등록자)하는 가구의 소득인정기준액 이하인 분들께 드립니다.   — 보건복지부 기초연금 홈페이지 중

우선, 기초연금 수급 대상자부터 알아보자. 65세 이상 가구의 ①소득인정액이 ②선정기준액 이하인 경우에만 수령이 가능하다.

소득인정액은 소득평가액＋재산의 소득환산액을 합산한 금액이 선정기준액으로 2024년 기준 1인 단독가구 2,130,000원, 부부가구 3,408,000원 이하인 경우에만 해당이 된다. 기초연금 수급대상자는 전년도의 가구

별 소득인정액을 파악하여 매년 재선정된다.

수급을 희망하는 사람은 65세 생일이 속하는 달의 전월 초부터 본인 또는 대리인이 신청해야만 65세가 되는 달부터 수령이 가능하다. 대상자가 되어도 신청을 하지 않는다면 받을 수 없다.

기초연금 소득인정액 평가는 어떻게 계산될까

소득인정액은 소득평가액＋재산의 소득환산액을 합산한 금액이다. 2024년 기준 1인 단독가구 2,130,000원, 부부가구 3,408,000원 이하여야 한다.

소득평가액 : [0.7×(근로소득-108만원)] A＋기타소득 B

A : 근로소득에서 기본 공제액인 108만원을 공제한 금액에서 30%를 추가 공제. 단, 일용근로소득, 공공일자리소득, 자활근로소득은 근로소득에서 제외된다.

B 기타소득 : 사업소득, 재산소득, 공적이전소득, 무료임차소득

- 사업소득은 기타 사업소득과 임대소득의 합이다. 기타 사업소득은 도매업·소매업, 제조업, 농업·어업·임업, 기타 사업에서 얻는 소득이고 임대소득은 부동산, 동산, 권리, 그 밖의 재산의 대여로 발생하는 소득이다.
- 재산소득은 이자소득과 연금소득의 합이다. 이자소득은 예금·적

금·주식·채권의 이자와 배당 또는 할인에 의하여 발생하는 소득이고 연금소득은 민간 연금보험, 연금저축 등에 의해 정기적으로 발생하는 소득이다.

- 공적이전소득은 각종 법령의 규정에 의해 정기적으로 지급되는 각종 수당·연금·급여·기타 금품이다. 국민연금, 공무원연금, 군인연금, 사립학교교직원연금, 산재급여 등이 해당되고, 일시금으로 받는 금품은 재산으로 산정된다.

- 무료임차소득은 자녀 소유의 고가 주택에 거주하는 본인 또는 배우자에 대하여 임차료에 상응하는 소득으로 인정하는 금액이다. 본인 또는 배우자의 주민등록상 주소지 선택이 자녀명의이고, 시가 표준액 6억원 이상인 경우 연 0.78%의 소득이 적용된다.

재산의 소득환산액

- 재산의 월 소득환산액=[{(일반재산−기본재산액 A)+(금융재산 − 2,000만원)−부채}×0.04 (재산의 소득환산율, 연 4%)÷12개월]+고급자동차 및 회원권의 가액 B

  A : 지역별 기본재산 공제액은 서울 및 대도시 1억 3,500만원, 중소도시(세종시) 8,500만원 그외 농어촌 등은 7,250만원 공제

  B : 고급자동차(3,000cc 이상 또는 4,000만원 이상) 및 회원권은 그 가액을 그대로 적용

기타 (증여)재산에 대한 안내

기타 (증여)재산이란 타인에게 증여한 재산 또는 증여한 것으로 인정

되는 재산으로서 2011년 7월 1일 이후 재산을 증여하였거나 처분한 경우, 해당 재산의 가액(지방세법의 시가표준액)에서 일부를 차감한 금액이 기타(증여)재산으로 산정되어 소득인정액 계산 시 포함된다.

부채상환금, 본인 또는 배우자의 의료비, 교육비, 장례비, 혼례비, 위자료 및 양육비 지급금 등은 기타(증여) 재산 산정 시 차감한다.

기초연금 산정 계산이 너무 복잡하다. 보건복지부 기초연금 소득인정액 모의계산이 있으니 여기에 본인의 해당 값을 입력해보도록 하자.

기초연금 추가 안내 사항

기초연금 수급권자가 국민연금에서 수령하는 급여액 등이 기준연금액의 150%를 초과하는 경우 기초연금액이 감액되어 지급된다. 부부 모두 기초연금을 받는 경우에는 각각 산정된 기초연금액의 20%를 감액한다.

65
자녀에게 자산의 일부를 물려주었다면 기초연금이 가능할까

퇴직 전 자산을 줄여 기초연금을 받고자 하는 사람들을 간혹 볼 수 있다. 기초연금은 말 그대로 하위계층의 최저 생활비 보전 차원이라 수령 조건이 까다롭다.

보건복지부 기초연금지급 기준에는 2011년 7월 이후 재산을 증여하였거나 처분한 경우에 해당 재산의 가액 (지방 세법의 시가 표준액)에서 일부를 차감한 금액이 기타(증여)재산으로 산정되어 소득인정액 계산에 포함 된다고 나와 있다.

기초연금 신청 전 자산매각, 자식들에게 사전증여 등이 있으면 기준 심사에서 탈락되는 경우가 있을 수 있다.

66
국민연금 수령하기 전 조기 신청은
누구나 가능할까

국민연금 수령 연령이 되기 전 조기 신청이 늘어나고 있다. 조기 신청도 조건이 있다.

가입기간이 10년 이상, 만 55세 이상으로 소득이 있는 업무에 종사하지 않을 경우에 본인의 희망에 따라 수급개시 연령 기준 최대 5년 전에 조기 노령연금을 신청 후 지급받을 수 있다.

최대 5년 전부터 6%씩 감액 지급된다. 조기 노령연금 수령기간 중에 소득(근로, 사업소득)이 있을 경우 연금은 지급 정지되고, 연금보험료를 60세까지 납부 후 노령연금 수급개시 시점에 지급된다.

연금수급자의 소득이 있는 업무 구성을 살펴보자. 소득세법 규정에 따라 사업소득, 근로소득을 합산한 금액을 당해년도 종사 개월 수로 나눈 금액을 먼저 계산하고 이 금액이 전년도 연말 기준으로 산정된 연금 수급 전 3년간 전체 가입자의 평균소득 월액의 평균액(2023년의 경우 월 2,861,091원)보다 많은 경우에 '소득이 있는 업무'에 종사하는 것으로 본다.

> **월평균소득금액:{근로소득금액＋사업소득금액}÷종사 개월수**
>
> 근로소득금액＝총급여‒근로소득공제액
>
> 사업소득금액＝총수입금액‒필요경비

◆종사 개월 수는 해당 연도 사업소득금액과 근로소득금액을 기준으로 해당 연도 1월부터 12월까지 기간 중 소득활동에 종사한 기간기간이다.

　'연금수급 전 3년간의 국민연금 전체 가입자의 평균소득 월액의 평균액'이란 매년 12월 31일 현재 국민연금 사업장가입자와 지역가입자의 기준 소득월액을 평균하여 최근 3년치를 평균한 금액을 말하며, 참고로 2023년에 적용되는 값은 2,861,091원입니다.

‒ 국민연금공단 노령연금 안내 중에서

　국민연금연구원의 '조기노령연금 개선방안 연구' 중 2022년 7월에 조기노령연금 수급자 33명을 대상으로 한 포커스그룹 조사내용에 의하면, 조기연금 신청 1순위가 생계비 마련이고 다음으로 경제적 유불리에 대한 판단에 의한 자신의 건강 걱정, 연금고갈, 중복조정에 대한 불만, 하루라도 빨리 타는 게 낫다 등의 이유이다. 또한, 국민연금을 포함한 공적연금 2천만원 이상 수령자의 의료보험 피부양자격 상실 이유도 많아 보인다.

67

소득이 있으면 국민연금의
전액 수령은 불가하다

국민연금법 63조의 2(소득 활동에 따른 노령연금액)에 따라 노령연금 수급자는 기준을 초과하는 소득(임대·사업·근로)이 생기면 연금수령 연도부터 최대 5년간 '노령연금액에서 소득수준에 따라 일정 금액을 뺀 금액'을 받는다. 여기서 소득의 범위는 임대, 사업, 근로소득만 해당이 된다. 가입자의 월 평균 소득금액이 최근 3년 간의 국민연금 전체 가입자의 평균소득월액 (A값)을 초과하는 경우에는 소득구간별 감액 지급되고 부양가족 연금은 지급되지 않는다.

> 월 평균소득금액 : [근로소득금액 + 사업소득금액(부동산 임대소득 포함)]
>   ÷종사월수
> 근로소득금액＝총급여액-근로소득공제액
> 사업소득금액＝총수입금액-필요경비

◆ 개인연금, 퇴직연금, 기타소득, 이자, 배당소득은 월 평균 소득금액에 포함되지 않는다.

월 평균소득금액 값이 최근 3년간의 국민연금 전체 가입자 월 평균소득액 (2023년 기준, 2,861,091원)보다 크면 감액 지급된다.

　노령연금 월액이 80 만원인 수급자의 소득월액이 A값보다 60만원이 많을 경우 60만원의 5%인 3만원을 감액하여 매월 77만원을 지급받습니다. (2015년 7월 29일 법개정)　　　　　　　_ 국민연금관리공단, '국민연금 100문 100답' 중

소득구간별 감액규모

초과소득 월액 (A)	노령연금 지급 감액분	월 감액 금액
100만원 미만	초과소득 월액분의 5%	0~5만원
100만원~200만원 미만	5만원 + (100만원을 초과한 소득월액의 10%)	5~15만원
200만원~300만원 미만	15만원 + (200만원을 초과한 소득월액의 15%)	15~30만원
300만원~400만원 미만	30만원 + (300만원을 초과한 소득월액의 20%)	30~50만원
400만원 이상	50만원 + (400만원을 초과한 소득월액의 25%)	50만원 이상

1. 감액기간 : 수급연령개시이후 5년
2. 소득조건 : 소득월액 > A값
3. 감액 최대한도 : 노령연금의 50%
4. 부양가족 연금 : 지급되지 않음

-> 2023. 10월, 국민연금제도 개편안에는 소득구간별 감액제도 폐지가 들어가 있다.

68
국민연금을 각각 수령 중인 부부 중
한 명 사망 시 유족연금은 얼마일까

부부가 동시에 국민연금을 받고 있는 중 1명이 사망하면 ①본인의 노령연금+유족연금의 30%와 ②유족연금 전액을 비교해 둘 중 큰 금액을 선택하여 하나만 받는다.

국민연금 가입기간에 따라 유족연금 지급률이 다르다. 가입기간이 10년 미만 일 경우는 기본연금액 40%+부양가족연금액을, 10년 이상~ 20년 미만은 기본연금액 50%+부양가족연금액을, 20년 이상이면 기본연금액 60%+부양가족연금액을 지급한다. 여기서 기본연금액은 사망 이전에 받고 있는 연금액이 아니다.

기본연금액이란 가입기간에 상관없이 20년 동안 가입했다는 전제 하에 연금액을 환산한 것이다. 10년 가입기간이었으면 20년을 환산해주고 20년 이상은 20년 기준으로 환산한 금액이다. 20년 미만 가입자가 받는 유족연금이 더 유리할 수가 있다.

부양가족 연금액이란 ①배우자(사실혼 포함) 연 283,380원 ②자녀 만 19세 미만 또는 장애 2급 이상과 부모 만 60세 이상 또는 장애 2급 이상은 연 188,870원을 지급한다.

부부가 동시에 국민연금을 가입하여 수령하고 있으면 부양가족 연금에 해당되지 않는다.

A씨 부부는 부부 동시에 국민연금에 가입하였다. 남편은 가입기간이 25년 이고 부인은 가입기간이 12년이다. 남편이 150만원, 부인이 40만원의 국민연금을 수령 중에 남편이 먼저 사망한 경우에 받을 수 있는 유족연금에 대해 살펴보자.

이 사례에서는 편의상 가입자가 사망 이전에 받는 연금액을 기본연금액으로 가정하고 수령금액을 알아보자.

- 남편의 유족연금 150만원×60% (20년 이상 납입 시)=90만원
- 부인 연금 40만원일 경우에는 ①90만원과 ②40만원 + (90만원×30%)=67만원이므로 남편의 유족연금 90만원을 선택할 수 있다.

또 다른 예로 부인이 국민연금 가입기간 17년으로 부인 국민연금이 100만원일 경우는 ①남편 유족연금 90만원 ②부인 연금 100만원에서 우선 부인이 본인 연금 100만원을 먼저 선택한다. 남편 유족연금 90만원을 포기하면 여기에 30%인 27만원이 나온다. 부인은 본인 연금 100만원에 27만원을 합해서 127만원을 수령한다.

부인이 먼저 사망하면 부인 유족연금은 100만원×50%(부인의 가입

기간이 20년 미만이어서 50%)로 50만원, 50만원의 30%인 15만원을 남편 본인 연금 150만원에 부인의 유족연금 15만원을 합하여 165만원을 수령한다.

남편만 국민연금을 가입하고 부인이 유족연금 60%를 수령하게 될 경우 배우자가 소득이 있어도 3년간은 유족연금이 지급된다. 3년 후에는 배우자의 월평균 소득(사업소득과 근로소득을 합산)이 연금수급 전 3년간의 전체 가입자의 기준 소득월액의 평균액(2023년 기준 2,861,091원)보다 많은 경우에는 지급이 정지된다.

수급개시 연령 5년 전부터는 소득에 상관없이 유족연금을 수령한다. 단, 배우자가 장애등급 2급 이상, 25세 미만 또는 장애등급 2급 이상의 자녀 생계를 유지하는 경우에는 소득수준에 상관없이 유족연금을 수령한다.

배우자인 유족연금 수급권자가 재혼하거나 사망하면 유족연금 수급권이 소멸된다. 단, 자녀가 다른 사람에게 입양되지 않았고, 나이가 25세 미만 또는 장애2급 이상일 경우 유족연금 수급권을 승계하여 받을 수 있다. 유족연금은 수급권(받을수 있는 권리)이 발생한 때부터 5년 안에 청구하지 않으면 소멸된다. 3년 뒤 청구시는 앞의 2년분을 일시에 받을 수 있다.

국민연금 수령 연기로 인한 증액분도
유족연금에 포함될까

먼저 국민연금 수령을 연기하면 증액분이 어떻게 되는지 알아보자.

노령연금 수급권을 취득한 이후 연금 받는 시기를 최대 5년을 늦추는 대신, 더 많은 연금을 지급받을 수 있다. 최대 5년 동안 연금액의 전부 또는 일부에 대해 지급의 연기를 신청할 수가 있다. 연기비율은 50, 60, 70%, 전부 등 다양하게 선택할 수 있다.

연기신청을 하면 매 1년당 연 7.2%(월 0.6%)의 연금액을 연기비율에 따라 올려서 지급 받게 된다. 연기한 증액분은 유족연금 계산에 포함되지 않는다.

남편이 국민연금에 20년 가입 이후 연금수급개시 연령 기준 150만원(세전)이다. 소득이 있어 최대 5년까지 연금 전액을 연기 신청하면 5년 뒤에는 매월 204만원(세전)을 받게 된다. 연금수령 중 불의의 사고로 남편이 사망하게 되면 유족연금은 연금수령개시 연령 기준 90만원(150만원 ×60%)을 받게 된다. 204만원의 60%가 아니다. 연기연금 증액분은 유족연금에 반영되지 않는다.

국민연금 의료보험 피부양자 탈락 기준과
종합소득 신고를 해야 하나

국민연금 등 공적연금을 포함하여 넌간 2천만원, 월 166만 7,000원 이상 수령하면 의료보험 피부양자 자격이 박탈되고 지역의료 보험 가입자로 전환된다. 주위에 건강보험료 피부양자 자격 박탈을 피하기 위해 국민연금 조기 신청하는 경우를 종종 볼 수가 있다.

국민연금을 원래 수령 시점보다 앞당겨서 받는 조기노령연금 수급자가 해마다 증가해 2012년 32만 3238명에서 2022년 76만 5342명 등으로 늘어나는 추세다.

국민연금연구원의 '국민연금 중기재정 전망(2023~2027)' 보고서에 따르면 조기노령연금 총수급자는 2023년 말에는 85만 6000명, 2024년 약 96만 1000명을 거쳐 2025년에는 107만명으로 100만명을 넘어설 것으로 나타났다.

연금 감액에도 불구하고 조기노령연금의 수급자 규모가 해마다 증가하는 이유는 생계비가 주 요인이지만 건강보험료 피부양자 자격 박탈 기준이 2022년 9월 이후 국민연금 등 공적연금 수령액이 연간 3,400만원에서 2,000만원으로 조정됨에 따라 조기신청을 하게 된 퇴직자들을 많이 볼 수 있다.

2002년 이후 국민연금 수령분은 종합과세에 포함된다. 2002년 이후 납부한 국민연금 보험료에 대해서는 소득공제 혜택을 받았으므로 국민연금 수령 시 세금을 납부해야 되고 종합소득으로 합산하여 과세가 된다.

국민연금공단에 조회하면 본인의 예상노령연금액이 세전과 세후로 나누어진다.

$$\text{과세대상연금액} = \frac{2002년\ 1월\ 이후\ 납입기간의\ 환산소득누계액}{총납입기간의\ 환산소득\ 누계액} \times \begin{array}{c}과세기간\\연금수령액\end{array}$$

국민연금을 포함한 공적연금 연계제도란 무엇일까

일반 직장 재직 시에는 국민연금을 가입하고, 퇴직 이후 공무원으로 근무하게 되면 공무원연금에 가입하게 된다. 앞의 국민연금과 공무원연금 가입기간을 합산하여 연금수령이 가능하도록 한 제도를 공적연금 연계제도라고 한다.

연금을 받는 최소 가입기간이 부족한 가입자가 연금연계법에 의해 국민연금과 직역연금(공무원, 사학, 군인, 별정우체국) 등 각 연금의 가입기간을 합해서 최소 연계기간 10년 또는 20년 이상이면 연금을 받을 수 있도록 도와주는 제도이다. 연금 간 연계를 통해 직업이동에 따른 노후 불안이 해소됨으로써 노동시장의 유연성을 강화하고 노후생활을 보장하고자 한 것이다. 국민연금+직역연금(공무원연금 포함)=10년 또는 20년 (이상)이다.

최소 연계기간

- 직역기관에서 퇴직일이 2016년 1월 2일 이후인 경우는 최소 연계기간 10년
- 직역기관에서 퇴직일이 2016년 1월 2일 이전은 최소 연계기관 20년
- 연계기간에 군인연금 복무기간이 포함된 경우는 최소 연계기간 20년

국민연금 추가 안내 사항

국민연금공단 연금종류 및 청구에서 일부 발췌한 내용을 가져와 소개한다. 국민연금의 연금급여액＝기본연금액×연금업종별 지급률 및 제한율＋부양가족연금액으로 지급된다.

기본 연금액

- 균등부분의 급여 : 연금 수급 전 3년간의 평균소득 월액을 평균한 금액에 비례하여 계산한다.
- 소득비례부분의 급여 : 자신의 가입 기간 동안의 평균소득에 비례하여 계산한다.
- 기본연금액은 본인의 가입기간과 가입기간 중의 소득, 연금수급 당시 평균소득 월액에 따라 달라진다.

연금 업종 지급률

- 국민연금(노령연금) : 가입기간 20년 이상이고 60세가 된 때 지급은 100% (완전노령연금) 10년이면 50%, 초과 1년당 5%씩 증가~20년 미만으로 60세가 된 때 지급은 (감액노령연금)
- 장애연금 : 장애1급 100%, 2급 80%, 3급 60%, 4급(일시금) 225%
- 유족연금 : 가입기간 10년 미만 40%, 10년~20년 50%, 20년 이상 60%

국민연금의 급여산정방식은 다른 직역연금과 다르게 소득재분배 기능이 포함되어 있다. 세부적으로는 개인의 가입기간 동안의 기준소득 월액 평균액에 비례한 부분과 연금수급시점기준 지난 3년 동안의 연금가입자 평균소득 월액에 비례한 소득재분배 부분의 가중치 합으로 계산 된다.

- 국민연금에 10년 이상 가입 (보험료 납입 기준) 후 연금수급개시 연령 ~52년생 : 60세, 53~56년생 : 61세, 57~60년생 : 62세, 61~64년생 : 63세, 65~68년생 : 64세, 69년생 이후 : 65세부터이다.
- 연금지급청구는 원칙적으로 연금을 받을 수 있는 권리가 있는 본인이 국민연금공단지사에 청해야 한다. 부득이한 사유가 있는 경우 대리인 청구도 가능하다.
- 연금을 받을 수 있는 권리는 발생한 때부터 10년 안에 청구하지 않으면 소멸시효가 완성되어 지급받을 수 없다.

추후 납부(추납)

국민연금은 가입기간 중 납부 예외 또는 적용 제외되었던 기간에 대해 추후 납부할 수 있다. 추후 납부는 최대 119개월까지 가능하다. 2020년까지는 추후 납부 가능기간에 제한이 없었지만, 2021년부터는 최대 119개월(최대 10년 미만 한도)까지만 추후 납부가 가능하다. 추납 납부 개월 수만큼 가입기간으로 추가로 인정하는 제도로 강제사항은 아니다.

추납액은 납부하는 달의 보험료를 기준으로 추후 납부 기간을 곱한 금액과 추후 납부기간에 해당하는 이자를 납부한다. 임의 가입자가 추후 납부를 신청하는 경우는 추후 납부 보험료 산정을 위한 연금보험료는 A값(2023년 기준 2,861,091)의 9%를 초과할 수 없다.

전액을 일시에 납부하거나 금액이 클 경우 월 단위 최대 60회 분할납부 가능하다. 납부기한 이후 추가가산 이자가 있다. 사망 및 연금수급의 경우에는 납부가 불가하고 자격 상실 시 추납을 신청할 수 없다. 추납 대상기간은 연금보험료를 1개월 이상 납부한 날 이후 무소득 배우자 등 적용 제외된 기간이거나 사업 중단이나 실직 등으로 인한 납부 예외기간, 1988년 1월 이후 군 복무기간 (단, 공적연금에 가입된 기간 제외)이다.

배우자와 이혼 시 수령하는 분할 연금

배우자와 이혼 시 혼인기간에 해당하는 노령연금의 50%를 수령하는 연금이다. 노령연금 수급권자인 배우자와 5년 이상 결혼생활 후, 본인과 배우자 모두 수급권이 발생되는 나이가 되었을 때 수급권자의 배우자는 혼인기간에 해당하는 연금액을 똑같이 분할해서 받을 수가 있다.

분할연금 청구기한은 노령연금을 수령하는 기간 중 이혼한 경우는 이혼효력 발생 후 5년 이내이고, 노령연금을 수령하기 전 이혼한 경우는 이혼효력 발생한 때부터 3년 이내 미리 신청하여야 한다.

분할연금 수령은 이혼한 배우자가 사망하더라도 본인 사망 시까지 수령한다. 분할연금을 수급하는 자가 사망하면 유족연금은 중단된다. 이혼한 배우자에게 반환되지 않는다.

반환일시금

반환일시금은 가입기간 10년 미만인 자가 60세가 된 경우(단, 특례노령연금수급권자는 해당되지 않음), 가입자 또는 가입자였던 자가 사망하였으나 유족연금에 해당되지 않는 경우, 국적을 상실하거나 국외로 이주한 경우로 더 이상 국민연금 가입자격을 유지할 수 없고 연금수급요건을 채우지 못한 경우 등은 그동안 납부한 보험료에 3년 만기 정기예금 이자를 더해 일시금으로 지급하는 급여이다. 반환일시금은 수급권이 발생한 날로부터 5년 안에 청구하지 않으면 소멸된다.

5년이 지나면 일시금으로 지급받을 수 있는 권리는 소멸되지만 향후 연금 지급사유가 발생할 때에는 소멸분도 포함하여 연금으로 지급하게 된다. 단, 2018년1월 25일 이후 지급 연령 도달 사유 반환일시금 소멸시효는 10년으로 연장되었다. (2018년 1월 25일 시행일 당시 지급 연령 도달 시점부터 5년이 경과하지 않은 자 포함)

사망일시금

사망일시금은 가입자(였던 자) 또는 연금 수급권자 (노령연금 또는 장애등급 3급이상 장애연금)가 사망하였으나, 유족이 없어 유족연금 또는 반환 일시금을 지급받을 수 없는 경우 더 넓은 범위의 유족에게 지급한다. 배우자, 자녀, 부모, 손자녀, 조부모, 형제자매 또는 사망자에 의하여 생계를 유지하고 있던 4촌 이내의 방계혈족 순위 중 최우선 순위자에게 장제부조적·보상적 성격으로 지급한다

연금 수급권자의 사망 시 2021년 6월 30일 이후 사망하고, 지급받은 연금총액이 사망 일시금액보다 적은 경우에 한하여 지급한다. 지급되는 일시금은 가입자 또는 가입자였던 자의 반환일시금에 상당한 금액으로 최종 기준소득월액(가입 중 결정된 각각의 기준소득월액 중 마지막 기준소득월액) 또는 가입중의 기준 소득월액의 평균액 중 많은 금액의 4배를 초과할 수 없다.

이때, 기준 소득월액은 연도별 재평가율에 따라 사망일시금 수급 전년도의 현재가치로 환산한 금액이다. 사망일시금은 수급권이 발생한 날로부터 5년 안에 청구하지 않으면 소멸이 된다

69
주택연금의 대상과 조건을 살펴보자

주택연금은 만 55세 이상인 국민이 보유주택을 담보로 수령하는 연금이다. 부부 모두 사망할 때까지 평생 거주하면서 연금을 수령할 수 있는 역모기지 대출 상품으로 공시가격 기준 12억 이하인 주택만 해당된다.

단, 공시가격 합산 12억 초과 2주택자는 주택연금을 받지 않는 다른 주택을 3년 이내 매각하는 조건으로 신청이 가능하다. 부부 중 한 사람이 주택 연금 신청 후 근저당권 설정일 또는 신탁등기 시점 55세 이상 연령 충족이 되어야 한다.

우대형 주택연금은 부부 중 한 명이 기초연금수급자로 65세 이상, 주택가격이 2억 미만, 1주택만 소유한 경우는 종신지급 기준으로 월 최대 21%를 더 받을 수가 있다.

주택연금을 신청할 수 있는 대상 주택은 주택법상 단독 및 공동주택(노인복지주택 포함), 주거목적 오피스텔, 주택이 차지하는 면적이 50% 이상인 주상복합건물이다. 주택연금 수령액은 대상주택에 따라 차이가 난다. 주택금융공사 주택연금 예상연금 조회를 참조하면 일반주택〉노인복지주택〉주거목적오피스텔 순으로 수령액이 나온다.

주택연금 가입기준은 공시가격 기준이고 주택연금 월지급금 산정은 시가 또는 감정평가액 기준으로 지급한다. 국가가 연금지급을 보증하므로 연금지급 중단 위험이 없다.

연금수급 중 부부 모두가 사망 후 주택을 처분해서 정산 시 그간의 연금수령 금액이 처분가격보다 초과하더라도 상속인에게 청구하지 않으며, 반대로 집값이 남으면 상속인에게 돌아간다.

- 주택처분금액〉연금지급총액 –〉 남은 부분은 상속인에게 돌아간다
- 주택처분금액〈연금지급총액 –〉 부족분에 대해 상속인에게 별도 청구하지 않는다
- 연금지급총액={월지급금 누계+수시입출금+보증료(초기보증료+연보증료)}에 대한 대출이자 합계분

주택연금 월 지급금 중 최저생계비 185만원 이하는 압류가 금지된다. 주택연금 전용계좌에 185만원만 입금 받고 나머지는 일반계좌에서 받을 수가 있다.

주택연금 부대비용 및 대출금리

주택연금 가입 부대비용으로는 초기 보증료 1.5%와 매년 연간 보증료 0.75%가 있다. 보증료는 이용금액에 합산된다. 단, 근저당 설정비, 법무사

비용, 감정평가 비용, 인지세 등은 본인이 부담해야 한다.

주택연금의 대출금리는 6개월 변동금리 적용이다. 2023.10월 기준 주택연금 대출금리는 5.42%(연 보증료 0.75% 포함)이다. 5.42% 구성은 기준금리+가산금리+연보증료(0.75%) 합계이다. {월지급금 누계+수시입출금+보증료 (초기보증료+연보증료)}를 5.42%로 월 복리 계산한다. 주택연금 가입 기간이 길수록 금액이 늘어난다.

대출이자에 해당되는 비용은 연간 200만원 한도 내에서 소득공제를 해 준다.

주택연금 신청 당시 기존 대출이 있을 경우와 일시적 목돈이 필요할 경우

주택에 대출이 있으면 있으면 주택담보대출 상환용 주택연금을 이용하면 된다. 주택연금 인출한도 내에서 목돈을 인출하여 선순위 대출을 상환해야 된다. 인출한도보다 대출금이 많으면 본인이 별도로 상환하고 신청해야 된다. 주택연금은 1순위 근저당 조건이다. 주택연금과 주택담보대출 은행이 동일한 경우 중도상환 수수료는 면제된다.

주택연금 이용 도중 목돈이 필요하면, 인출한도 범위 안에서 수시로 인출하여 쓸 수가 있다. 의료비, 교육비, 관혼상제비, 일반 노후자금 등 가능하다. 단, 도박, 투기, 사행성, 주택구입자금 및 임차자금 목적으로 인출은 금지한다. 수시인출금을 설정하면 설정하지 않았을 때보다 연금액은 줄어든다

주택연금의 저당권방식과 신탁방식

저당권 방식에서는 이용 주택의 일부를 보증금이 없는 월세로만 임대가 가능하다. 저당권 방식은 소유자가 사망 시 공동상속인이 동의를 해야 배우자 승계가 가능하다.

신탁방식이란 신탁등기를 한국주택금융공사가 한다. 소유자가 사망 시 공동상속인 동의 또는 소유권 이전등기 없이 배우자 승계가 가능하다. 신탁방식에서 보증금이 없는 일부임대는 금융공사 동의 없이 가능하다. 보증금이 있는 일부임대는 금융공사의 동의를 받으면 가능하다. 보증금은 금융공사가 지정하는 은행에 예치하는 조건이다.

70
주택연금 수령 중 주택 가격이 오르면
연금 수령액도 올라갈까

주택연금 수령 중 주택가격이 상승했다고 상승분만큼 금액을 올릴 수는 없다.

한번 수령하면 연금액은 처음 산정한 금액으로 계속 간다. 주택가격 상승에 따른 조건변경 시는 중도해지를 하고 3년 경과 후 재가입이 가능하다.

초기 보증료 1.5%는 돌려주지 않고 그간 수령한 연금액에 복리이자를 더한 금액을 상환하여야 한다.

71

지금의 집을 줄일 경우,
주택연금과 여유자금 비교해보자

P씨는 2024년 1월 기준, 만 62세, 부인은 만 61세이다. 서울에 공시지가 10억원 아파트를 소유하고 있다.

살고 있는 집을 주택연금으로 이용한다

- 월 2,123,970원(10억원을 종신지급방식, 정액형 기준) 평생 지급×주택금융공사 예상연금란 조회 기준
- 앞으로 35년을 수령한다고 가정하면 원금 9.55억과 이자 9.7억 (년 5.4%, 월복리 기준)을 합하면 19.25억이다.

보유 주택 매각 후 외곽지역 5억원 아파트에 입주,
주택연금 신청한다

- 월 1,061,980원(5억원 종신지급방식, 정액형 기준) 평생 지급×주택금

융공사 예상연금란 조회 기준

- 앞으로 35년을 수령한다고 가정하면 원금 4.8억, 이자 4.87억(연 5.4%, 월복리)을 합하면 9.7억이 나온다.
- 차액 5억 중 신규주택 구입 취/등록세, 수리비용, 이사비용 등으로 5천만원을 지출하고 공시지가 12억원 이하 주택을 매도한 후 그 이하 주택을 구입하였으므로 1억원 한도 내 연금계좌 입금이 가능하다. IRP에 8천만원 입금 후 퇴직연금 정기예금에 예치하고 연금저축계좌에 2천만원(세액공제 받지 않음) 예치 후 의료비 연금계좌로 등록한 후 5년 뒤 약제비 등으로 수시 인출한다. 2천만원에 대한 수익 부분은 5년 뒤 5.5~3.3%로 분리과세 된다. 의료비로 인출되는 금액은 1,500만원에 포함되지 않는다.

나머지 3.5억은 4% 정기예금에 예치, 1년 뒤 일반과세 15.4%를 제하고 11,844,000원으로 월 987,000원이 가능하다.

현재 살고 있는 집의 주택연금과 매각 후 더 낮은 금액의 아파트 주택 연금 중 어느 것이 더 나은가는 P씨 부부의 판단에 달려 있다. 하지만 기초연금 수령이 예상된다는 전제라면 주택재산에서 공제되는 금액은 지역에 따라 1억3,500만원 ~ 7,250만원고, 금융재산은 2,000만원만 공제되니 잘 살펴봐야 한다.

국민연금의 노령연금과 보유하고 있는 주택, 금융재산 등을 종합적으로 고려해서 기초연금 수령이 가능한지는 [보건복지부 기초연금]에 들어가면 재산에 대한 세부적인 평가 안내, 소득인정액 모의계산 바로가기에서 시뮬레이션해보면 된다.

노후 준비를 어떻게 하느냐에 따라 노후의 삶의 질은 확연히 달라진다는 내용의 신문기사를 예로 들어본다. 현금자산이 얼마나 중요한지는 은퇴한 후에 더욱 절실하게 다가오게 될 것이다.

"손주에게 용돈을 줄 수 있는 노후와 줄 수 없는 노후는 삶의 질 자체가 다르다"

(조선닷컴 독자 A씨)

70대가 되면 근로 활동을 접고 '완전은퇴'하는 사람들이 늘어난다. 소득이 끊기는 70대의 삶은 현역 때 얼마나 통장 관리를 잘 해 두었는지에 따라 달라진다. 젊었을 때부터 노후 준비를 체계적으로 했으면 편안한 70대를 보내지만, 그렇지 않으면 쓴맛만 보게 된다.

말년에 나의 든든한 지팡이가 되어 주는 것은 부동산보다는 현금흐름이다. 하지만 유동성이 낮은 부동산에 자산이 쏠려 있는 노년 가정은 '돈맥경화'에 시달리기 쉽다. 당장 생활비가 모자라니 자녀에게 손 벌리기 일쑤다. 부모와 자녀 모두 괴롭다.

은퇴자 커뮤니티에는 이런 하소연이 이어진다. "퇴직 전엔 아파트가 최고인 줄로만 알았다. 현금자산이 가장 큰 힘이라는 걸 몰랐다." "노후에는 현금 흐름이 좋아야 한다. 고가 아파트에 살면서 현금이 없으면 꽤 골치 아프다. 세금과 건보료가 꽤 많이 나가니까."

_<조선일보> '행복한 노후생활을 위한 왕개미연구소' 중 (2023. 10. 28)

5장

연금수령과
운용에서
이것만은
기억하자

연금에 대해 이해하고 자신에게 필요한 연금 전략을 세우며 그것을 실행하는 일은 생각만큼 쉽지 않다. 연금세제, 상품운용, 연금수령의 조건은 때때로 변화하며 관련 조항 등에 대해서도 확인해야 한다. 이 장에서 중요한 핵심 사항만 다시 한 번 확인하자.

72

퇴직금 수령 전
반드시 확인해야 할 것들

퇴직연금 DC에서 보유한 은행예금, 펀드, ETF, 채권 등 운용자산은 퇴직 시 IRP로 실물 이전이 된다.

DC가 가입된 동일 연금사업자의 IRP로만 실물 이전 가능하다. 금융사 간 연금자산 이전이 가능하도록 작업이 진행 중 이지만 현재로선 동일 연금사업자 DC → IRP로만 이전이 가능하다.

DC -> IRP 로 이전 시 퇴직금과 수령 방법

앞서 살펴본 바와 같이 DC로 운용 시 퇴직금은

1. DB와 퇴직금제도에 과거 적립된 금액

2. 이후 회사에서 DC로 불입한 금액

3. 운용수익

1, 2, 3의 합계가 퇴직금이 되고 퇴직소득세 과표가 정해진다.

55세 이후 퇴직 시 DC자산이 IRP로 이전된 후에는 연금으로 수령 또는 일시불로 수령할 수가 있다.

재직 중 받은 세액정산은 특례 적용 신청한다

세액정산 특례 적용을 받기 위한 증빙서류 입증은 본인에게 있다는 점을 다시 한번 강조한다. 관련서류는 잘 챙겨두고 퇴직 전 퇴직급여 담당자에게 이를 알려주자. 시간이 오래되면 모를 수도 있다. 재직 중인 경우에는 퇴직금 중간정산 원천징수 영수증을 회사를 통해 DC사업자에게 제출해야 한다. (세액정산 합산 특례에 대한 자세한 내용은 p81~85 참조)

55세 이후는 퇴직금을 여러 계좌에서 받을 수 있다

55세 이후 퇴직자 라면 퇴직금을 일반 은행계좌, IRP, 연금저축 계좌로도 수령이 가능하다.

퇴직금을 일시불로 찾으려면 은행계좌보다는 IRP로 수령 후 해지하는 게 세금을 줄일 수 있다. 퇴직 후 일시불 또는 목돈을 찾고자 할 경우는 보유하고 있는 금융사의 연금계좌를 먼저 체크해보자. 그리고 연금수령한도가 쌓인 연금계좌를 찾아 연금계좌 간 이전을 활용하면 퇴직소득세를 절세할 수 있다. 절세 방법은 앞의 사례편에서 자세히 살펴볼 수 있었다.

일반 은행계좌 수령은 회사에서 퇴직소득세 원천징수를 하고 지급한다. IRP, 연금저축으로 퇴직금을 지급 시에는 회사에서 퇴직소득세 과세를 하지 않고 IRP, 연금저축 계좌로 과세이연 된다. 일반 은행계좌로 받은 퇴직금을 60일(달력기준) 이내 IRP 또는 연금저축계좌로 입금하면 입금비율로 퇴직소득세가 과세 가 이연 된다. 입금 시 과세이연계좌 신고서를 작성 후 IRP, 연금계좌에 입금한 금융사에 제출하면 금융사에서는 퇴직한 회사로 퇴직소득세 환급요청 등을 절차에 따라 진행한다. 일반 계좌로 입금받은 후 과세이연을 위해 재 입금시에는 다소 번거로운 절차가 따른다.

회사가 퇴직연금을 언제 도입했는지 확인이 필요하다

DB, DC제도가 2013년 3월 1일 이전에 도입이 되고 DB의 경우는 도입 당시 명부에 내가 포함이 되어 있어야 연금수령연차를 6년 차로 적용받을 수 있다. 2013년 3월 1일 이전 퇴직연금 가입 확인서를 제출해야 한다. (연금계좌 가입일에 따른 연금수령연차 구분은 p97 참조)

55세 이전 퇴직자는 퇴직금을 IRP로만 받아야 한다

근로자퇴직급여보장법 9조 2항에는 사용자는 근로자가 퇴직한 경우에는 그 지급사유가 발생한 날로부터 14일 이내 (당사자간 합의로 기일연장 가능) 퇴직금을 지급하고 근로자가 지정한 IRP (개인형퇴직연금제도의 계정) 이전하는 방법으로 지급하여야 한다고 나와 있다.

예외사항이 있다. 55세 이후 퇴직금을 수령하는 경우, 퇴직금이 300만원 이하인 경우, 근로자가 사망한 경우, 퇴직급여 담보대출 상환용도, 법정외 퇴직금 (명예, 위로퇴직금) 수령, 취업활동을 할 수 있는 체류자격으로 국내에서 근로를 제공하고 퇴직한 근로자가 퇴직 후 국외로 출국한 경우 등은 일반계좌로 수령이 가능하다. 이 조항에서 55세 미만 퇴직자로 퇴직금이 300만원 이상인 경우는 기존 퇴직금제도와 퇴직연금제도 모두 IRP로만 받아야 한다.

55세 이전 퇴직 시 퇴직금 수령은 신규로 개설한 IRP로 받는 것이 좋다.

IRP로 수령한 후 갑자기 급한 일이 있어 인출하려면 55세 이전은 전액 인출만 가능하다. 개인납입금이 있는 IRP 계좌로 퇴직금을 수령 후 인출하려면 퇴직금 뿐만 아니라 세액공제 받은 개인납입금도 16.5% 기타소득세를 내고 해지해야 한다.

55세 이전 긴급자금이 필요한 경우는 퇴직연금 중도인출 사유 또는 세법상 부득이한 인출사유에 해당되면 부분인출이 가능하니 인출하기 전 확인을 해야 한다.

A증권사 DC에 만기가 남아 있는 상품이 있어 이를 A증권사 IRP로만 이전을 해야 할 경우는 A증권사 IRP에 개인납입금이 있으면 이를 다른 회사 IRP로 전액 이전한 후 A증권사에 신규 IRP를 만들어 수령하는 방법도 있다. 퇴직금을 빠른 시일 내 인출하지 않으려면 기존 A증권사 IRP로 받고 55세 이후에 찾으면 된다.

법정퇴직금과 법정외퇴직금(위로, 명예)은 각각 수령할 수 있다

55세 미만이라 하더라도 법정퇴직금은 IRP로만 수령해야 하지만, 법정외퇴직금은 은행계좌, 연금저축계좌 등에서 수령 가능하다. 법정외퇴직금을 일시에 찾고자 하면 나눠 수령하면 된다. 이 경우, 퇴직금 지급 전 회사 퇴직금 담당자에게 이야기해두어야 한다.

73

개인연금, 퇴직연금 수령 전
반드시 확인해야 할 것들

연금수령요건 확인

만 55세 이상, 가입기간 5년 이상 중 늦은 날이다. 퇴직금 입금은 가입기간 조건이 없다.

연금수령연차, 연금수령한도 확인

연금수령요건을 충족한 때부터 10년 이상 분할하여 수령해야 한다. 단, 2013년 3월 1일 이전에 연금계좌에 가입한 경우와 퇴직연금 DB/DC를 2013년 3월 1일 이전 가입한 경우에는 연금수령연차 6년 차를 적용하고 5년 이상만 수령하면 된다.

2013년 3월 1일 이전 DB가입자는 퇴직금 전액을 IRP로 이전해야 6년차 적용을 받는다.

연금수령한도＝[연금계좌 평가액 / (11-연금수령연차)×1.2]

연간연금수령한도 내에서 연금실제수령~10년간은 퇴직소득세 30% 감면, 10년 이후는 40% 감면이다.

연금계좌에서 퇴직금, 개인납입금 인출 순서

IRP, 연금저축 계좌에서 연금으로 인출되는 순서가 있다. 소득세법 시행령 제 40조의 3 연금계좌의 인출순서 등 에서는 IRP계좌와 연금저축계좌의 입금 단계별 인출순서를 정해놓고 있다. 인출순서에 따른 세금을 알아보자.

연금수령 시 인출순서에 따른 연금소득세

1. 세액공제 받지 않은 개인납입금 (ISA만기자금 포함)	2. 과세이연된 퇴직금	3. 세액공제 받은 개인 납입금 (ISA세액공제 포함)	1+2+3 의 운용수익
비과세	연금소득세 (퇴직소득세율 70~60%)	연금소득세 (세율 5.5 ~ 3.3%)	연금소득세 (세율 5.5 ~ 3.3%)

①개인 납입액과 ISA전환금 중 세액공제 받지 않은 부분은 비과세로 먼저 인출된다. 인출시점에 세액공제 받았는지 여부는 국세청에서 발급받은 연금보험료 등 소득.세액공제확인서를 제출해야 한다. ②그 다음으로 퇴직금에서 인출된다. 퇴직소득에 대한 과세는 퇴직시점에 확정된 퇴직 소득세를 기준으로 연금으로 수령 시 10년까지는 퇴직소득세 30% 절감, 10년 이후부터는 40% 절감해준다. ③마지막으로 위 3의 금액과 타 연금저축에서 세액공제 받은 금액을 합하여 연간 1,500만원 미만일 경우는 55세~69세는 5.5%, 70세~79세 까지는 4.4%, 80세 이후는 3.3%를 과세한다.

세액공제 받은 금액이 인출되고 나면 모든 연금계좌 운용수익에 대해서도 연간 인출금액이 1,500만원 미만은 연령별로 연금소득세 적용이다.

1,500만원이 초과하면 초과금액이 아닌 금액 전체가 종합소득에 합산된다. 1,500만원 초과 시 16.5% 분리과세 신청을 하면 종합소득에 합산되지 않는다.

연간 연금수령한도를 초과한 인출로 연금 외 수령 시에는
2의 과세이연된 퇴직금→퇴직소득세 100%를 과세하고
3의 세액공제 받은 개인 납입금 과 운용수익 전체에 대해 기타소득세 16.5%로 과세한다.

퇴직 후 연금수령 중 의료비 등 갑작스런 목돈이 필요한 경우 IRP에서는 중도인출 조건을 살펴본 후 세법상 부득이 한 인출제도를 이용하면 세금을 절감할 수 있다. (p282 참조)
퇴직금과 개인연금에서 받는 연금소득은 종합소득, 건강보험료 산정에 포함되지 않는다.

연금실제수령 10년 이후 퇴직소득세 40%를 절감 받기 위해서는 퇴직금이 포함되어 있는 연금계좌에서 소액이라도 연금수령을 개시해야 한다. IRP에 개인납입금과 퇴직금이 있을 경우 연금보험료 등 소득공제확인서를 제출하면 개입납입금 중 세액공제 받지 않은 금액이 먼저 인출된다. 제출하지 않으면 퇴직금부터 인출된다
퇴직소득세가 많으면 세액공제 받지 않은 금액부터 먼저 조금씩 인출하여 연금실제수령연차를 맞추면서 퇴직금 수령을 뒤로 미루는 것이 세금을 조금이나마 줄일 수 있다.

74
1,500만원 초과는 종합소득에 포함된다. 1,500만원의 범위 확인하기

연금소득 연간 1,500만원 초과는 종합소득에 합산된다. 간혹 세후 1,500만원으로 혼동하는 수가 있다. 1,500만원은 연금소득세 5.5~3.3%를 원천징수하기 이전 금액이다. 1,500만원의 범위는 어디까지일까.

1. 퇴직금을 포함한 개인연금계좌 또는 IRP에서 적립된 누적 자산 전체의 운용수익+매년 세액공제 받은 금액+ISA 만기전환금 중 세액공제 받은 금액

2. 세액공제 받는 세제적격 연금저축보험에서 매월 수령하는 금액

1과 2를 합한 금액이 연간 1,500만원을 초과해서 인출하면 전액이 종합소득에 포함된다. 분리과세 16.5% 신청을 하면 종합소득에 포함되지 않는다. 단, 세법상 부득이한 인출사유는 1,500만원 범위에 포함되지 않는다. 과세이연된 퇴직금에서 인출되는 자금도 1,500만원에 포함되지 않는다. 다시 강조한다.

75

금융권에 따른 연금자산 운용과
연금수령 방법

상품운용과 연금수령 방법에 있어 금융권별로 다소 간의 차이가 있다.

구분	상품운용 범위	연금수령
은행	정기예금, ELB, 펀드, ETF등 (실시간 매매는 불가)	확정기간형(10 ,20, 30년) 또는 확정금액형 (30, 50, 100만원), 일부 은행은 수시, 자유인출 방식도 가능
증권	정기예금, 채권직접투자 가능, ELB, 펀드, 실시간 매매 가능한 ETF와 리츠, 맥쿼리인프라 등	확정기간형 또는 확정금액형, 수시, 자유인출 방식도 가능
보험	GIC, 펀드, ETF (실시간 매매는 불가)	확정기간형, 종신연금(생명보험사만 가능, 중도해지, 변경 불가) 상속연금 수시인출은 연금지급신탁형(펀드만 운용)만 가능

IRP에서 연금수령을 할 경우 은행, 증권사는 연금지급 개시 이후에도 가입자 자신에 맞는 상품운용을 계속할 수 있으나 보험은 보험사에서 매월 공시하는 이율로 자산이 운용되므로 가입자가 적립금을 운용할 수가 없다.

_금융감독원, '연금수령 시 알아두어야 할 사항' 중

퇴직 후 연금수령은 매월, 매년 정액식으로만 받아야 할까

연금을 실제 수령하기 위해서는 각자의 재무설계에 맞게 필요한 금액을 연간 연금수령한도에서 인출하면 된다. 연금수령 방법은 은행, 증권, 보험사별로 다양하다.

연금수령의 유형

- 수시(자유)인출 : 연간 연금수령한도에서 필요 시마다 수시로 인출하는 방식
- 확정기간형 : 5년, 10년, 20년 식으로 기간을 정해놓고 인출하는 방식. 20년 기간 설정 후 처음 5년 간은 많게, 그 이후는 많게 또는 처음 5년간은 많게, 그 이후는 적게 설계할 수 있는 금융사도 있다.
- 확정금액형 : 20년간 매월 50만원씩 인출하는 방식
- 종신지급형 : 생명보험사만 가능하다.

이외 금융사마다 다양한 설계방법 등이 있으니 본인이 가입한 IRP, 연금저축 가입 금융사의 연금지급 방식을 알아보고 퇴직 후 노후 설계를 보다 현실적이고 효과적으로 하자.

76

장기간 연금수령에 따른
화폐가치 하락을 피하는 방법

정해진 연금을 오랜 기간 동안 수령하다 보면 화폐가치의 하락을 걱정할 수밖에 없다. 국민연금 수령액은 물가상승율을 일정 부분 반영하지만 사적연금은 주어진 자산 범위 내에서 분할해서 수령해야 한다. 2022년도 국민연금 수령 인상율은 2.5%, 2023년은 5.1%, 2024년은 3.6%이다.

소비를 줄이고 아껴 쓰는 방법이 최선이지만 말처럼 쉽지가 않다. 매년 물가는 올라가는 만큼, 연금자산도 불려나가야 한다. 나의 성향에 맞는 상품을 찾아 계속적인 포트폴리오 조정으로 수익을 높여 나가는 방법을 연구해야 한다.

최근 시중 금융시장 불안 등으로 안전한 국채 투자를 많이 하고 있다.

A증권사의 퇴직연금에서 매수가능한 채권 리스트에는 2024년 1월 9일자 기준 만기 12년 7개월 남은 국고 10500-3609남은 국고채가 법인세전으로 3.52%에 매수가 가능하다. 2024년 1년 퇴직연금 정기예금 금리가 저축은행 3.8% 내외, 은행은 3.7%이지만 3년 정기예금은 3.1%, 5년은 2.6%

수준이다. 1년 만기로 계속 연장을 할 수도 있지만 1년, 2년 후 금리가 내려가면 예전에 장기 상품을 투자한 투자자가 유리하다.

같은 국채인 만기 5년 국민주택 1종 23-12은 3.59%를 제시하고 있다. 장기금리 하락이 예상되면 매수해볼 만한 상품이다. 금리가 2%대로 가면 나는 안전한 국채 3.59%를 받을 수 있는 상품을 들고 있다고 생각해보면 답이 나온다.

금리하락으로 평가이익이 발생하면 중도 매도 후 수익을 확보하면 된다. 금리가 올라가더라도 기회손실만 있지 손실 볼 일은 없다.

연금수령 중에도 계속적인 상품 리밸런싱이 필요하다

은행과 증권사의 IRP, 연금저축은 연금수령 중에도 상품운용이 가능하지만 보험에서는 공시이율로 연금을 지급한다. 보험사 연금계좌에서는 연금수령 중 상품운용이 연금지급신탁형에서만 가능하다. 연금지급신탁형에서는 상품편입 제한이 있다.

본인이 연간 연금수령에 필요자금을 설정해놓고 포트폴리오를 구성하면 된다. 연금수령 기간 중에 ETF, 채권 매매도 가능하다. 연금지급을 위한 상품 인출 순서는 본인이 지정해놓으면 된다. 필요한 연금액수만큼 통상적으로 현금, 정기예금, MMF 등의 순으로 정한다. 정기예금에서 출금되는 연금은 특별 중도해지 이율이 적용된다. 자신이 순서를 지정할 수 있는 금융사도 있으니 확인이 필요하다.

IRP에 100의 자산 중 금년에 10만큼만 인출하고자 하면 10은 현금, MMF, 정기예금으로 편성하고, 또다른 10은 2년 만기 채권과 예금상품, 나머지도 만기 기한을 나누어 상품을 운용하면 좀 더 높은 수익을 올릴 수 있다.

A물산에서 퇴직한 K씨의 포트폴리오

구 분	상품 명 (만기)	비 중
원리금보장	A저축은행 퇴직연금 정기예금 IRP (1년) 10% C은행 정기예금 IRP (2년) 10% 국민주택1종 (5년) 30%	50%
실적배당형	○○공모주 채권혼합 펀드 10% 미국주식 펀드 10% 한국전력 1234 (2년) 15% KOSPI 200 ETF 매매 5%	40%
기타	현금성 자산, MMF 등	10%

K씨는 국민연금 수령 2년 전까지 IRP자산의 10%를 매년 연금으로 수령하고자 한다. 연금수령 방법은 1년간 매월 정액식, 연금인출 상품 순서는 현금, MMF에서 인출하도록 설정하였다. K씨는 A저축은행의 정기예금에서 연금지급 특별 중도해지금리와 현금자산 보유금리와는 큰 차이가 없어 현금성 (MMF 포함)으로 10%를 남겨놓고 1년간 매월 정액식으로 연금을 지급 받고 있다.

1년 후에는 저축은행 상품 1개가 만기 10%, 2년 후에는 C은행 정기예금과 한국전력 채권이 만기가 돌아오도록 포트폴리오를 구성했다. 5% 정도의 자금으로 KOSPI ETF를 매매하고 있다.

위험자산 비중은 30% (미국주식 펀드 10%, 한국전력 채권 15%, KOSPI 200 ETF 5%)이다. 매년 연금인출 자원을 제외하고 잔여자산에 대해 연간 4% 목표 수익률을 설정해놓고 있다.

K씨의 은퇴 자산 운용 원칙

①안정적 운용

은퇴 후에는 재취업하지 않는 한 수익이 없기 때문에 최대한 손실이 나지 않도록 해야 한다.

②수익성 확보

최근 1년 정기예금 금리는 높고 장기금리는 낮아 금리가 하향 추세를 보이고 있다. 은행예금과 채권, ETF, 펀드, 리츠 등에 분산 투자로 수익을 높여 나가는 방법을 찾아야 한다.

③유동성 유지

은퇴 후 연금인출을 위해서는 1년, 2년간 유동성 자금을 남겨두어야 한다. 너무 장기상품에 투자하게 되면 연금인출을 위해 중도매도 시 손해를 볼 수도 있다. 예상치 않은 많은 지출의 의료비 등도 발생할 수도 있으니 유동성이 따라주는 상품에 투자해야 한다.

77
종합소득세와 연금소득세의 유형별 정리

종합소득세와 연금소득세를 유형에 따라 정리해보면 도움이 될 것이다. 소득세의 전반적인 의미를 알아보고 연금소득의 종류와 공제의 방식에 대해 먼저 살펴보도록 한다.

국민연금을 포함해 연금소득에 과세되는 세금은 연금액에 따라 그 요율이 달라지므로 확인해보자. 자신의 국민연금이 어느 조건에 속하는지를 살펴보고 노후를 설계해보자.

소득세 개요

- 종합소득세에 포함되는 소득에는 사업소득(부동산임대)+근로소득+기타소득+금융소득(이자/배당) 2,000만원 초과+연금소득[① 과세대상 공적연금(2002년 이후 납입분)+② 연금계좌의 1,500만원 초과 시 전액]

- 퇴직소득, 양도소득은 다른 소득과 합산하지 않고 별도로 분류되는 분류과세이다.

연금소득만 있는 경우 결정세액 산출 구조 (과세이연 퇴직소득은 제외)

구분	계산방법
총 연금액	연금수령액(=공적연금소득 + 사적연금소득)-과세제외금액-비과세금액
연금소득금액	총 연금액-연금소득공제 (900만원 한도)
종합소득 과세표준	연금소득금액+다른 종합소득금액(이자,배당,사업,근로,기타소득) -종합소득공제-주택연금 이자비용 200만원 한도
산출세액	과세표준에 기본세율을 적용하여 계산
결정세액	산출세액에 자녀세액공제, 표준세액공제 등 적용

분리과세 하는 연금소득

- 연금계좌에 입금한 이연퇴직소득을 연금수령 하는 연금소득 (퇴직소득)

- 의료목적, 천재지변 등 부득이한 사유로 인출한 연금소득

- 퇴직소득을 제외한 연금소득이 년간 1,500만원 이하의 연금 소득

연금소득 공제

- 총 연금액 350만원 이하 : 전액

- 350만원 초과~700만원 이하 : 350만원+350만원 초과액×40%

- 700만원 초과~1,400만원 이하 : 490만원+700만원 초과액×20%

- 1,400만원 초과 : 630만원+1,400만원 초과액의 10%

다음은 본인 150만원, 부부는 300만원을 인적공제한다. 본인은 소득의 유무와 상관없이 150만원 기본공제를 받지만 배우자의 경우는 연간소득금액이 100만원 이하여야 한다. 여기서 100만원은 소득에서 필요경비를

차감한 금액을 말하며 소득의 범위는 근로, 사업, 연금, 퇴직, 배당, 양도, 기타소득을 합산한 금액이다. 비과세 소득과 분리과세 소득은 제외이다.

주택연금을 수령하고 있으면 해당 과세기간에 발생한 이자비용 200만 원을 연금소득에서 공제한다. (주택담보노후연금 이자비용증명서 첨부) 연금소득에서 공제되는 부분은 인적공제, 주택연금 이자비용만 된다. 신용카드 사용액, 의료비, 교육비, 기부금 등은 공제가 안 된다.

_ 국세청, 연금소득금액 계산방법

국민연금을 포함한 연금소득만 과세되는 경우 적용되는 실효 세율

과세대상 연금액(년)	연금소득세	실효세율
2,400만원(월 200만원)	905,000	5.40%
3,600만원(월 300만원)	2,525,000	9.20%
4,800만원(월 400만원)	4,250,000	10.90%
6,000만원(월 500만원)	6,230,000	12.20%
7,200만원(월 600만원)	9,110,000	14.50%

종합소득 과세표준에 따른 세율

- 1,400만원 이하 : 과세표준×6%

- 1,400만원 초과~5,000만원 이하 : 과세표준×15% - 126만원

- 5,000만원 초과~8,800만원 이하 : 과세표준×24% - 576만원

- 8,800만원 초과~1억5천만원 이하 : 과세표준×35% - 1,544만원

- 1억5천만원 초과~3억원 이하 : 과세표준×38% - 1,994만원

- 3억원 초과~5억원 이하 : 과세표준×40% - 2,594만원

- 5억원 초과~10억원 이하 : 과세표준×42% - 3,594만원

연금 에센스 80

- 10억원 초과 : 과세표준×45%-6,594만원

퇴직 이후 종합소득세 신고 유형 (국민연금 수령을 기준으로)

연금소득 중 국민연금만 받는 경우는 별도의 세금신고 없이 다음해 1월 연말정산을 통해 신고가 완료된다. 국민연금과 타 종합소득이 있으면 종합소득세 신고를 해야 한다.

국민연금을 수령하면서 종합소득 신고 대상

- 국민연금+기타소득(300만원 이상), 사업소득, 근로소득 중 하나라도 있을 경우
- 국민연금+퇴직연금+연금소득 연 1,500만원 초과로 종합소득 신고를 선택한 경우 (종합소득 신고에 퇴직연금은 제외)
- 국민연금+연금소득 1,000만원+이자, 배당소득 등이 2,000만원 이상인 경우
- 국민연금+퇴직연금+연금소득 1,000만원+이외 기타소득(300만원 이상), 사업, 근로소득 중 하나가 있을 경우 (퇴직연금은 신고 제외)

국민연금을 수령하면서 종합소득 신고하지 않아도 되는 경우

- 국민연금+2,000만원 이하의 이자, 배당소득
- 국민연금+300만원 이하의 기타소득
- 국민연금+연금소득 1,500만원 이하+퇴직연금소득
- 국민연금+연금소득 1,500만원 초과로 분리과세16.5%를 선택한 경우

- 국민연금+퇴직연금 소득

국민연금을 수령하면서 선택적 종합소득 신고

- 국민연금+연금소득 1,400만원이 있고 다른 소득이 없다고 하면 종합소득 신고하지 않아도 되지만 모의 시뮬레이션을 통해 최종 납부할 세금과 이미 납부한 세금을 비교해보고 돌려받을 수 있는 세금이 있으면 하는 것이 좋다.

63세 은퇴자로 국민연금 연간 1,000만원(과세대상 600만원)+퇴직연금 소득 1,000만원+개인연금 연간 1,500만원이 있고 다른 소득이 없는 경우에 총 연금소득 신고는 2,100만원이다. 연금소득 신고를 하는 게 유리한지를 살펴보자. 2,100만원=600만원+1,500만원이다.

총 연금소득 2,100만원에서 연금소득 공제 700만원(630만원+1400만원 초과금액의 10%)을 차감하면 연금소득 금액은 1,400만원이 나온다. 여기서 부부인적 공제 300만원을 추가로 차감하면 연금소득 과표는 1,100만원으로 세금은 지방세 포함 726,000원이 나온다. 표준세액공제 7만원을 차감하면 최종 납부 세액은 656,000원이다.

63세 은퇴자는 연금소득 1,500만원에 대해 연금소득세 5.5%인 825,000원을 원천징수로 납부하였고 국민연금도 수령 전 기납부세액이 있다. 연금소득세 신고를 할 경우는 연금소득 기납부 세액 825,000과 국민연금 기납부세액을 합하여 최종 결정세액보다 많으면 돌려 받을 수가 있다.

78

IRP, 연금계좌의
중도인출 사유에 따른 세율 정리

구 분	IRP 중도인출 (근로자 퇴직급여 보장법 적용)	연금저축 인출 (소득세법 적용)	중도인출시 적용세율	
			세액공제 받은 금액과 운용수익	퇴직급여
6개월 이상 요양, 의료비 (연간임금 총액의 12.5%초과 시)	가능	가능	연금소득세 (5.5~3.3%)	퇴직소득세의 (70~60%)
개인회생, 파산선고	가능	가능		
천재지변	가능	가능		
가입자 사망	가능	가능		
3개월 이상 요양, 의료비	불가능	가능	연금저축 (5.5~3.3%)	IRP : 55세 이후 퇴직소득세 (100%)
해외이주	불가능	가능		
연금사업자 영업정지, 인가취소, 파산	불가능	가능		
사회적 재난 (코로나로 인한 15일 이상 입원치료)	가능	가능	연금저축 (5.5~3.3%)	퇴직소득세 (100%)
무주택자 주택구입. 전세자금	가능	가능	기타소득세 (16.5%)	퇴직소득세 (100%)

◆금융감독원, '금융꿀팁 200선' 참고

◆2023년 세법 개정, '사회적 재난으로 15일 이상 입원 치료도 세법상 부득이한 인출'에 포함

소득세법 제14조 과세표준의 계산 3항의 9

연금소득 중 다음 각 목에 해당하는 연금소득은 종합소득세 과세표준을 계산할 때 이를 합산하지 않는다. 다음의 소득은 분리과세연금소득이라 한다.

1. 퇴직소득을 연금수령하는 연금소득
2. 의료목적, 천재지변이나 그 밖에 부득이한 사유 등 대통령령으로 정하는 요건을 갖추어 인출하는 연금소득
3. 1과 2를 제외한 연금소득의 합계액이 연 1,500만원 이하인 경우 그 연금소득

* 소득세법 시행령 제20조의2 의료 목적 또는 부득이한 인출의 요건을 갖추어 연금계좌에서 인출하는 금액을 연금소득이라 한다.

의료 목적 또는 부득이한 인출의 요건

1. 천재지변
2. 연금계좌 가입자의 사망 또는 「해외이주법」에 따른 해외이주
3. 연금계좌 가입자 또는 그 부양가족 질병·부상에 따라 3개월 이상의 요양이 필요한 경우
4. 연금계좌 가입자가 재난으로 15일 이상의 입원 치료가 필요한 피해를 입은 경우
5. 연금계좌 가입자가 파산의 선고 또는 개인회생절차개시의 결정을 받은 경우
6. 연금계좌취급자의 영업정지, 영업 인·허가의 취소, 해산결의 또는 파산선고

7. 연금수령요건을 갖춘 연금계좌에서 1명당 하나의 연금계좌만 의료
   비연금계좌로 지정하여, 연금계좌 취급자가 지정에 동의하는 경우에
   인출하는 의료비

위의 사유가 확인된 날부터 6개월 이내에 그 사유를 확인할 수 있는 서류를 갖추어 연금계좌 금융회사에게 제출을 해야 연금소득으로 인정받고 세제 혜택을 받는다.

79

S상사 정년퇴직한 A부장의
퇴직금과 개인연금 수령 방법 알아보기

직역연금 대상자가 아닌 일반기업(공기업 포함)에서 퇴직한 A씨를 사례로 들어 연금자산을 전반적으로 짚어보는 내용이다.

2023년 12월에 퇴직을 한 S 상사 A부장의 연금자산 내역이다.

- 1963년 12월 1일생 (2024년 1월 현재 만 61세)
- 입사일 : 1989년 1월 2일, 2023년 12월 2일 정년퇴직
- 예상 퇴직금 : 4억5천만원 (퇴직원금 3억9천만원, 운용수익 6천만원)
- 퇴직소득세 : 4.8% (중간정산 안함)
- 현재 A보험사 DC계좌에 이율보증형 GIC 상품 일부 가입 중 (만기 2024년 1월)
- DC 퇴직금을 A보험사 IRP로 이전일 : 2023년 12월 10일
- DC 가입일 : 2019년 1월 2일 (이전은 DB 가입, DB가입일은 2011.12.30)
- 국민연금 수급 개시일 : 2027년 1월

2023년 12월 현재, 가입 중인 개인납입 연금상품, IRP는 퇴직금을 수령한 계좌임

①의 (구)개인연금은 5년 이상 연금으로 수령 시는 비과세로 종합소득에서 제외된다. 1997년 3월 2일 가입 A 보험사 (구) 개인연금 1.3억원 (IMF 당시, 최저보장이율 5% 적용)

②2012년 2월 1일 가입 B증권 연금저축 1억원 (세액공제 받지 않은 금액 5천만원, 세액공제 받은 금액 3천만원, 운용수익 2천만원)

③2016년 1월 3일 가입 C은행 IRP 개인납입 4천만원 (3,500만원 세액공제 받음, 5백만원 운용수익)

④2023년 12월 10일, A보험사 DC 4.0억 → A보험사 IRP로 실물(상품) 이전

⑤2010년 1월 2일 A보험사에 종신 변액연금 보험, 개인저축보험 5천만원 (10년 납입 완료)

퇴직 후 연금자산의 건강보험료 산정에 포함 여부 확인

현재 보유 중인 전 연금계좌와 개인보험은 건강보험료 산정에 포함되지 않는다. 위에서 국민연금, 즉 공적연금 수령 금액이 연간 2천만원 초과시는 건강보험료 산정에 포함된다.

연금자산 전체 종합소득과세 대상 여부 확인

위 연금자산 중 ④의 퇴직금에 대한 퇴직소득세는 분류과세로 종합소득에서 제외된다. ②의 세액공제 받은 3,000만원+1억원 전체에 대한 수익과 ③의 전체금액 ④의 퇴직금이 IRP로 이전된 후의 운용수익을 합한 금

액이 연간 1,500만원 초과시는 1,500만원 초과 금액이 아닌 전체가 종합
소득세에 포함된다. 국민연금, 기타 임대수입 등 사업소득과 함께 종합소
득 신고를 해야 한다. 종합소득 신고로 세율이 높을 것 같으면 1,500만원
전체에 대해 16.5% 분리과세로 종결시킬 수 있다.

**재직 중에 연금저축 납입액 중 세액공제 한도를 초과해서 납부한 연도도
많았다. 연말 세액공제를 받지 않은 부분은 어떻게 확인하나**

관할 지방 세무서 또는 국세청 홈택스에서 '연금보험료 등 소득·세액공
제확인서'를 발급받아 연금계좌 가입 금융회사에 제출하면 세액공제 받
지 않은 부분을 구분해서 등록해준다.

위의 연금상품 중 ①은 5년 이상 연금수령시는 비과세이다. ④의 퇴직
금에 대한 퇴직소득세는 분류과세로 종합소득에서 제외다. ⑤의 개인보
험은 10년이상 납입, 유지가 되었으니 인출 시 비과세이다

세금 없이 인출할 수 있는 연금계좌

①의 (구)개인연금 상품은 55세 이후, 5년 이상 연금으로 수령하면 비
과세이다. 퇴직 후 6개월 이내 해지 시는 비과세로 수령 가능하다. 보험
사의 최저보장 수익률을 확인한 후 결정하는 것이 좋다. IMF 당시 가입한
구)개인연금의 최저보장이율은 5% 이상이다. 가급적 유지하고 종신 연금
수령이 좋다.

②의 연금저축 1억원에서 세액공제 받지 않은 5,000만원은 세금 없이 언
제든 인출이 가능하다. 연금보험료 등 소득·세액공제확인서를 제출하여
연금수령 개시를 하면 세액공제 받지 않은 5,000만원에서 먼저 인출된다.

국민연금 수령 전 3년 동안 월 4백만원이 필요해서 인출하고자 한다

2024년 1월부터 연금수령 인출 개시를 한다고 하면 연금저축에서 세액 공제 받지 않은 5,000만원은 비과세부터 인출이다.

2024년 IRP의 연금수령한도는 4억5천만원÷(11-2년 차)×1.2=6,000만 원이다. 월 400만원은 가능하다. 세율은 4.8%×0.7 (30% 감면)=3.36%이다. 2024년 6,000만원을 인출했다고 하면 2025년 IRP 연금수령한도는 (4억 5,000만원-6,000만원+운용수익 1,000만원÷(11-3년 차)=6,000만원이다. IRP 퇴직금에서는 소액이라도 연금수령을 하는 것이 좋다. 연금실제수령이 10년 까지는 퇴직소득세 30% 절감, 10년 이후부터는 40% 절감이다.

C은행 IRP 개인 납입분 인출 시는 타 연금계좌에서 인출이 없으면 1,500만원까지는 5.5%이다.

(구)개인연금은 본인 자금흐름에 따라 정액으로 수령하면 된다. 이와 같은 사항을 종합적으로 고려해서 인출 순서를 정하도록 한다.

퇴직 후 3년 차, 부인이 6개월간 중대수술과 치료, 요양하며 의료비로 1,500만원을 부담했다. 연금저축 계좌, IRP 중 어디에서 인출해야 했을까?

6개월 이상 치료, 요양이니 연금저축, IRP에서 인출이 가능하다. 2개의 계좌에서 연간 연금수령한도를 초과해도 의료비 인출사유에 해당되면 아래의 세율로 납세 종결이다.

연금저축 : 1,500만원×5.5% (63세 기준)

IRP : 1,500만원×3.36%(4.8%×0.7=3.36%) 적용이다. IRP에서 인출하는 것이 좋다.

퇴직 후 소득이 없어 의료비 지출은 연간 임금총액 12.5% 이상이라는 적용을 받지 않는다.

퇴직 후 13년이 지나 73세가 되었다. A부장은 만성질환이 있어 매년 건강검진비, 약제비 등 연간 200~300만원의 의료비 지출이 있다

위에서 ②, ③의 계좌 중 잔고가 아직 남아 있는 1개 계좌를 선택해서 의료비연금 전용계좌로 등록하고 연간 1,500만원 초과한 금액이 의료비인 경우는 73세 기준, 4.4%만 내면 된다. 본인의 의료비연금 전용 계좌로 등록을 하면 연금저축의 경우는 본인 의료비에 한해 언제든 인출이 가능하지만 IRP는 6개월 이상 요양 의료비라야 한다.

연금수령요건을 충족한 연금계좌 중 가입자가 하나의 연금계좌만 의료비연금계좌로 지정하고 본인 의료비에 한하여 지급한 날로부터 6개월 이내 연금계좌 취급자에게 제출하는 경우에 해당된다. 연금계좌취급자가 지정에 동의하는 경우에 한정한다. (소득세법 시행령 제20조의 2 의료목적 또는 부득이한 인출의 요건) 이럴 경우 의료비 인출은 연금저축 연간 한도 1,500만원에 포함되지 않는다.

노년학에서는 은퇴 후 노후시기를 활동기, 회상기, 간병기로 구분하고 있다

활동기는 은퇴 직후에 시간적인 여유와 금전적인 여유가 있고 건강도 뒷받쳐주고 있어 취미, 여행 등으로 활동하는 시기를 말한다.

회상기는 나이가 들어 활동력이 줄어들어 집안 또는 집 주변에서 생활하며 과거 시절을 회상하는 시기를 말한다.

간병기는 건강에 문제가 생겨 거동이 불편하고 질병을 치료, 관리하는 데 많은 시간이 소요되는 시기를 말한다. 간병기에 접어들면 많은 의료비 지출이 부담이 될 수가 있다. 계속 강조하지만 의료비 전용 연금계좌를 꼭 준비해야 한다.

80

국민연금, 퇴직연금, 개인연금, 주택연금의 종합소득세, 건강보험료 산정

구 분	국민연금	퇴직연금	개인연금	주택연금
종합 소득세	2002년 이후 납부한 국민연금을 연금수령시 는 종합소득에 포함	×	연간 1,500만원 초과 수령 시는 전액을 분리과세16.5%선택 또는 종합소득에 포함	×
건강 보험료	연간 2천만원, 월 167만원 이상이면 지역의료보험 가입자에 해당	×	×	×

*ISA 만기 인출되는 자금 중 이자수익분도 건강보험료 산정에 포함되지 않는다.

 은퇴자가 제일 크게 신경 쓰이는 건강보험료 산정에 대해 정리를 해보자. 국민건강보험료 계산에 반영되는 소득은 매년 1월 1일부터 12월 31일까지 개인에게 발생한 이자, 배당, 사업, 근로, 연금, 기타소득 등으로 총 6가지이다.

 이자와 배당소득을 합한 금액이 연간 1,000만원 이하이면 건강보험료 산정에 반영되지 않지만 1,000만원에서 1만원이라도 초과되면 1,001만원 전액을 반영한다.

 국민연금 등 공적연금이 연간 2,000만원 이상이면 피부양자 자격 상실에 해당되고 건강보험료 산정에 반영한다. 공적연금은 소득의 50%만 적용한다. 퇴직연금을 포함한 사적연금과 ISA만기 수익금은 건강보험료 산정에 포함되지 않는다.

예를 들어 연간 연금소득 중 국민연금 2,100만원, 개인연금 1,000만원, 퇴직연금 1,000만원일 경우는 국민연금 2,100만원의 50%인 1,050만원만 건강보험료 산정에 포함된다.

알아두면 쓸모 있는 연금 인출의 사례

퇴직을 앞두거나 퇴직을 했다면 연금에 대한 필요성이 더욱 커지게 된다. 어렵고 복잡하다고 여기는 연금수령연차 계산과 연금계좌 간 이전에 관해 간단히 정리한 후 알아두면 좋을 만한 주제를 골라 해당되는 중요한 사례만 다시 한 번 소개한다.

연금수령연차, 연금수령한도, 연금계좌 이전에 관해 다시 한 번 정리하자

(2023년 11월 1일자 기준 적용)

1. 1964년 10월 1일생 (만59세), 연금계좌 가입일자 2013년 1월 1일

• 연금수령 개시 조건이 충족되는 날

a. 만 55세 되는 날 : 2019년 10월 1일 (생년월일에 55를 더한다)

b. 가입기간 5년이 경과되는 날 : 2018년 3월 1일 (가입일자에 5를 더한다)

　　→ a, b 중 늦은 날인 2019년 10월 1일이 연금 개시 충족이 된다.

• 연금수령연차는 2013년 3월 1일 이전 가입일이라 6년 차부터 시작된다. 다음해 1월 1일부터는 1년 차씩 올라간다. 10년 차가 최대치이다. 2019년 10월 1일=6년 차, 2020년 1월 1일=7년 차, 2023년 1월 1일=10년 차이다.

2. 1966년 3월 1일생 (만57세), IRP를 2015년 1월 3일에 개설, 2023년 8월 현재 평가금액 1,000만원

• 연금수령 개시 조건이 충족되는 날

a. 만 55세 되는 날 : 2021년 3월 1일 (생년월일+55)

b. 가입기간 5년이 경과 되는 날 : 2020년 1월 3일 (가입일자+5년)

　　→ a, b 중 늦은 날인 2021년 3월 1일이 연금 개시 충족이 된다.

- 연금수령연차는 2021년 3월 1일, 1년 차부터 시작한다. 2022년 1월 1일은 2년 차, 2023년 1월 1일은 3년 차가 된다.

3. 2023년 9월 30일 퇴직하고 퇴직금(퇴직금제도) 1억원을 위 2의 IRP계좌로 입금함

- 연금수령개시 조건이 충족되는 날

55세가 지났고 퇴직금 입금으로 바로 가능하다.

- 연금수령연차

a. 위 2의 IRP 연금수령 개시 충족 날 2021년 3월 1일

b. 퇴직금 입금일자는 2023년 10월 5일 (퇴직 후 2주 내 입금)

　　→ 개인납입액과 퇴직금이 함께 있는 경우에는 a, b 중 빠른 날인 2021년 3월 1일자가 적용되어 2021년 3월 1일 1년 차, 2023년 1월 1일에는 3년 차가 된다. 여기서 퇴직금제도에서의 퇴직금은 수령하는 연금계좌의 연금수령연차를 적용 받는다.

- 2023년 10월 5일자의 연금수령한도는 (1억원+1,000만원)÷(11-3년 차)×1.2=16,500,000원이다.

4. 1966년년 5월 12일생 (만 57세), 2023년 9월 30일 퇴직하고 퇴직금(퇴직금제도) 1억원을 2010년 3월 2일 개설한 연금저축(연금 미수령 중)으로 수령함. 연금저축에는 잔고 3,000만원이 있다.

- 연금저축의 연금수령 개시 조건이 충족되는 날

a. 만 55세 되는 날 : 2021년 5월 12일

b. 가입기간 5년이 경과되는 날 : 2015년 1월 3일 (가입일자+5년)

→ a, b 중 늦은 날인 2021년 5월 12일이 연금수령 개시 충족이 된다

- 연금수령연차

a. 연금저축의 연금수령 충족 날 2021년 5월 12일은 연금수령연차 6년 차부터 적용된다. 연금저축 가입일자가 2013년 3월 1일 이전이라 6년 차로 시작한다.

b. 퇴직금 입금일자는 2023년 10월 5일 (퇴직 후 2주 내 입금)

→ 개인납입액과 퇴직금이 함께 있는 경우에는 a, b 중 빠른 날인 2021년 5월 12일이 적용되고, 2021년 5월 12일자에 6년 차, 2023년 1월 1일에는 8년 차가 된다. 55세 이후이고 퇴직금 제도에서의 퇴직금은 연금저축계좌에서도 수령이 가능하다.

- 2023년 11월 5일자의 연금수령한도는 (1억원+3,000만원)÷(11-8년 차)× 1.2=5,200만원이다.

5. 1963년 5월 1일생 (만 60세), 2023년 5월 1일자로 정년퇴직, 퇴직금은 3억원이다. 회사는 DB제도만 운영 중이고 DB 가입일자는 2012년 1월 2일이다. 2023년 4월 20일 IRP를 신규 개설하고 2023년 5월 10일 퇴직금 3억원을 입금하였다.

- 2023년 연금수령연차는 6년 차이다. 퇴직연금 DB 도입이 2013년 3월 1일 이전이고, DB 퇴직금 전액을 IRP로 이전하였으므로 55세 이후 퇴직금 수령은 바로 6년 차부터 시작이다

- 2023년도 연금수령한도는 7,200만원이다. 2023년 7,200만원까지

인출 시 퇴직소득세 30% 감면을 받을 수 있다. 3억÷(11-6년차)×1.2=72,000,000원

- 2023년 7,200만원을 인출 후 2024년은 인출이 없고, 2025년 1월 2일 인출한도는 (3억-7,200만원)÷(11-8년 차)×1.2=91,200,000원이다. 계산 편의상 운용수익은 0이라고 가정한다.

6. 1963년 5월 1일생 (만 60세), 2023년 5월 1일자로 퇴직, 퇴직금은 3억원이다. DB제도에 2013년 2월 1일 가입, 퇴직금을 2012년 11월 1일 개설된 IRP 잔고가 1천만원 (세액공제 받은 부분 8백만, 운용수익 2백만) 있는 계좌로 2023년 5월 10일 수령하였다.

- 2023년 연금수령연차는 10년 차이다. 2012년 11월 1일 개설된 IRP의 5년 경과시점은 2017년 11월 1일과 55세 되는 시점은 2018년 5월 1일 중 늦은 날인 2018년 5월 1일이 6년 차이다. 2023년은 최대 10년 차가 된다. DB제도 가입일이 2013년 2월 1일(2013. 3.1 이전)이고 퇴직금 전액 입금으로 10년 차가 적용된다.

- 2023년도 연금수령한도는 3억1,000만원이다. 2023년 퇴직금 3억원 전액 인출 시는 퇴직소득세 30% 감면이다. 개인납입금 1,000만원 인출 시는 5.5% 과세이다. 다른 연금계좌에서 인출이 없고 1,500만원 이하 인출이니 60세 연금소득세 5.5% 적용이다.

7. 1964년 5월 1일생 (만 59세), 2023년 1월 31일자로 조기퇴직. 법정퇴직금 3억, 퇴직위로금 1.5억, DB가입일자 2015년 1월 11일, DC전환일은 2021년 5월 1일이다. DC 잔고 3억(예금만 보유), 2023년 2월 10일 IRP 신규 개설,

2012년 1월 2일에 가입한 연금저축 3천만원 잔고 있다. DC 예금잔고 3억은 IRP로 현물이전하고 퇴직위로금 1.5억은 수령 후 즉시 인출 예정이다.

- DC예금 3억원을 IRP로 현물이전 시 2023년도 연금수령연차는 1년 차이다. 퇴직연금 가입일자가 2013년 3월 1일 이후이고 IRP개설도 만 5년이 경과되지 않아 퇴직금 받는 해가 1년 차부터 시작이다. 연금수령한도는 3,600만원이다. 3억÷(11-1년차)×1.2=3,600만원

- 퇴직위로금 1억5,000만원을 2012년 1월 2일 가입된 연금저축으로 수령시 연금수령연차는 10년 차이다. 연금저축 가입일자가 2012년 1월 2일이고, 5년 경과시점은 2017년 1월 2일이다. 만 55세 되는 해는 2019년 5월 1일이고 이 중 늦은 날인 2019년 5월 1일이 연금수령연차 6년 차부터 시작이다. 2023년 1월은 10년 차이다.

- 연금저축계좌의 연금수령한도는 2억1,600만원이다. (1억5,000만원+3,000만원)÷(11-10)×1.2=2억1,600만원. 퇴직위로금 1억5,000만원을 전액 인출 시 퇴직소득세 30%를 감면 받을 수 있다. 퇴직위로금을 일반계좌로 수령하면 퇴직소득세 100%를 회사에서 원천징수한다.

  *법정 외 퇴직금인 위로금 등은 IRP, 연금저축, 일반계좌로도 입금이 가능하며, 연금수령연차는 입금하는 연금계좌의 가입일자로 계산된다. 연금저축보험 계좌로는 퇴직금을 받을 수 없으니 유의해야 한다!

8. 1963년 5월 1일생 (만 60세), 2023년 5월 1일자로 정년퇴직. 퇴직금은 3억원이다. 회사는 DB제도만 운영. DB 가입일자 2012년 1월 2일, 2023년 4월 20일 IRP 신규개설하고 2023년 5월 10일 퇴직금 3억원 중 2억원만 IRP로 입금하고 1억원은 급여통장으로 받았다.

연금 에센스 119

- 연금수령연차는 1년 차이다.

  2013년 3월 1일 이전 DB 가입자는 퇴직금 전액을 IRP로 이전해야만 6년 차 적용을 받을 수 있다. 이 경우는 3억원 중 2억원만 IRP로 이전을 해서 6년 차 적용을 못 받는다. 55세 이후라 일반계좌로 퇴직금 수령이 가능하여 일부만 IRP로 이전을 했으니 연금수령연차는 1년 차만 적용을 받는다.

- 3억원을 IRP로 전액이전하면 연금수령연차는 6년 차, 수령한도는 7,200만원이다. 3억원÷(11-6)×1.2=7,200만원. 3억원 전액을 IRP로 입금 후 1억원 인출 시 연금수령한도 7,200만원에 대해서는 퇴직소득세 30% 감면, 2,800만원은 퇴직소득세 100% 부과이다. 1억원을 급여통장으로 받았으면 퇴직소득세 100% 원천징수 후 지급되었다. IRP로 전액 수령한 후 일부 인출을 하면 퇴직소득세를 조금이라도 줄일 수가 있다.

- 위에서 조기퇴직으로 법정퇴직금 2억5,000만원, 위로퇴직금 1억원을 수령한 후 위로퇴직금 1억원을 급여통장으로 받아도 2억5,000만원에 대해 1년 차 적용을 받는다. 2013년 3월 1일 이전 DB 가입자가 받은 법정퇴직금과 위로퇴직금 전부를 연금계좌로 이전해야 6년 차부터 적용을 받는다. IRP로 수령한 후 일부 인출을 해야 한다.

55세 이전 IRP 퇴직금에서 주택분양 자금 인출

K씨는 A건설사에서 근무 후 사내 조기퇴직 프로그램을 신청하였다. 2023년 10월 31일 퇴직 예정이다. K씨는 DC 상품 전액을 IRP로 이전시킨 후 60세부터 연금으로 수령하고자 한다. 위로퇴직금 2.5억원은 분양 받은 아파트 잔금 지불을 위해 퇴직금 수령 즉시 인출할 계획이다.

기본정보

- 생년월일: 1968년 12월 20일 (만 54세, 2023년 10월 현재)
- 입사일 : 1994년 1월 2일, 퇴사일 : 2023년 10월 31일
- 법정퇴직금 : 2.5억 (DC 정기예금 등 평가금액, A증권사 가입 중), 위로퇴직금 2.5억 예정
- 퇴직연금 가입일 : 퇴직금 제도에서 2018년 6월 1일 DC 전환
- 퇴직소득세 : 7.1% (3,557만원, 퇴직금 5억, 근속기간 30년, 중간정산 안 함)
- DC에서 IRP로 2023년 11월 10일에 퇴직금 이전 예정
- K씨가 가입한 연금상품
  ①연금저축 2012년 1월 2일 가입, 4천만원 (B은행)
  ②IRP 2022년 10월 15일 가입, 잔고 9백만원. 세액 공제 받음 (A증권사)
- K씨는 DC계좌에 2024년 5월 30일 만기 은행정기예금과 2024년 10월 31일 만기 회사채 등에 투자하고 있다.

K씨는 2023년 10월 현재, 55세 미만이라 퇴직금은 IRP로만 지급이 가능하다. 수령 후 바로 찾겠다고 하면 IRP를 전액 해지 후 출금해야 된다.

IRP에서 55세 미만이지만 주택 구입 등 중도인출 사유가 발생하면 필요금액만큼 중도인출은 가능하지만 퇴직소득세는 100% 과세이다. K씨는 기존 주택을 아직 보유 중이라 무주택자가 아니라 중도인출 사유가 되지 않는다.

1. A증권사에 있는 IRP 잔고 9백만원이 있는 계좌번호를 회사에 제출하였다. 추후 알아보니 55세 전 인출은 전액만 가능하다고 한다. IRP 잔고 9백만원은 세액공제를 받았다. 퇴직금 수령일인 2023년 11월 10일 인출을 해야만 하는 경우를 알아보자.

    ① 5억(DC상품 해지액 2억5,000만원+위로퇴직금 2억5,000만원)×7.1% =35,500,000원

    ② 900만×16.5% (55세 전 인출로 16.5% 기타소득세 부과)=1,485,000원

    * ①+②=36,985,000원을 공제한 후 받을 수 있다.

    *IRP에 개인납입금과 퇴직금이 같이 있을 경우 55세 이전은 전액을 해지해야 한다.

2. K씨는 위로퇴직금 수령 즉시 인출을 해야 하는 급한 상황이면 회사 인사팀에 협조를 구하고 위로 퇴직금만 급여통장으로 수령하도록 해야 한다. 회사에서는 2.5억원에 대한 퇴직소득원천징수를 하고, 그 영수증과 퇴직일자 등을 A증권사로 보내면 A증권사는 IRP로 이전한 퇴직금에 대해 과세정보를 등록한 후 향후 연금수령 시 원천징수한다.

3. 평소 연금 공부를 한 K씨는 2~3개월 급한 자금을 융통하고 위로퇴직금 2.5억원을 55세 시점인 2023년 12월 20일에 인출하려고 한다. ①A증권사 IRP로 DC 퇴직금 상품 이전과 위로퇴직금을 수령하는 방법과

②연금저축계좌로 수령하는 방법을 비교해봤다.

• 위로퇴직금 2억5,000만원을 현재의 IRP로 같이 입금 후에 인출 시

① 5억900만원÷(11-1년 차)×1.2=6,108만원(연금수령한도)×7.1%×
0.7=3,035,676원

② 2억5,000만원-6,108만원=1억8,892만원×7.1%=13,413,320원

*①+②=16,448,996원의 세금을 납부하고 233,551,004원을 수령한다.

• 퇴직금 처리 당시 2.5억을 연금저축으로 입금 후 인출 시

K씨는 2023년12월 20일, 55세가 되는 시점에 연금수령연차는 6년 차
가 되고 법정 외 위로퇴직금은 IRP, 연금저축, 일반계좌 등 어디든 수
령이 가능하다. 연금수령연차 적용은 입금하는 계좌의 가입일을 따
라간다. 2012년1월 2일 개설한 연금저축에 입금하면 연금수령연차
6년 차를 적용 받는다.

①2억9,000만원÷(11-6년 차)×1.2=6,960만원×7.1%×0.7=3,459,120원

② 2억5,000만원-6,960만원=1억8,040만원×7.1%=12,808,400원

*①+②=16,267,520원의 세금을 납부하고 233,732,480원 수령한다.

◆1과 2의 세금 차이는 181,476원으로 세금을 조금 절감할 수 있다.

• 2023년 12월 20일자에 인출하기보다는 2024년1월 2일 인출 시 연금
수령연차가 IRP에서는 2년 차, 연금저축에서는 7년 차로 늘어나 세
금을 조금 더 줄일 수가 있다. 매년 1월 1일자로 연금수령연차가 1년
씩 늘어난다.

L씨는 L전자 지방 사업장에 근무 후 2022년 12월 15일에 퇴직하였다. L씨는 2년 전 투자한 건물 잔금을 치르기 위해 1월 초까지 퇴직금 전액을 인출하고자 한다. 회사 인사팀에 물어보니 퇴직금은 2022년 12월 29일 입금된다고 한다. 기본정보를 토대로 퇴직금 수령 계좌별로 퇴직소득세 계산을 해보자.

기본정보

- 생년월일 : 1966년 5월 31일 (퇴직일 기준 56세)
- 퇴직금 : 2억, 퇴직위로금 : 2.5억
- 입사일 : 1999년 1월 2일 (경력입사) 퇴사일 : 2022년 12월 15일
- 현재 DB 가입 중, DB 가입일 2015년 1월 2일
- 2015년 3월 2일 개설한 A증권사 연금저축 3천만원 (연금수령 개시 안 함)
- 퇴직소득세 : 8.3% (3,735만원) 2022년 12월 20일 퇴직일 기준

1. 퇴직금 4.5억을 급여통장으로 받을 경우 (55세 이후라 가능함)

　　퇴직소득세 4억 5,000만원×8.3%=37,350,000원

　　* 37,350,000원의 퇴직소득세를 납부하고 412,650,000원을 인출할 수 있다.

2. 사업장 내 은행출장소에서 IRP 신규 개설 후 퇴직금 수령할 경우

　① IRP 연금수령연차 1년 차

　{4억5,000만원÷(11-1)×1.2}=5,400만원(연금수령한도)×8.3%×0.7=

　3,137,400원

　② 4억5,000만원-5,400만원=3억9,600만원×8.3%=32,868,000원

　*①+②=36,005,400원의 퇴직소득세를 납부하고 413,994,600원을 인출할 수

　　있다.

3. L씨는 퇴직 한달 전부터 세금을 줄일 수 있는 연금 공부를 하고는 퇴직
　　금 입금 전 사업장 내 은행출장소를 방문, IRP를 신규개설하고 A 증권
　　사 연금저축 3천만원 전액을 이 계좌로 이체하였다. 퇴직금은 2022년
　　12월 29일자로 A증권사 IRP로 수령하고 2023년 1월 2일 퇴직금을 전
　　액 인출하니 연금수령연차를 3년 차로 할 수 있었다.

　① IRP 연금수령연차는 3년 차이다.

　{4억8,000만원÷(11-3)×1.2}= 7,200만원(연금수령한도)×8.3%×0.7=

　4,183,200원

　② 4억5,000만원-7,200만원=3억7,800만원×8.3%=31,374,000원

　*①+②=35,557,200원의 퇴직소득세를 납부하고 414,442,800원을 인출할 수

　　있다.

　◆ 3과 1의 퇴직금 수령액 차이는 1,792,800원, 3과 2의 퇴직금 수령액 차이는

　　448,200원으로, 3으로 할 때 세금을 더 절감할 수 있다.

3에 대해 좀 더 자세히 살펴보도록 하자.

- 증권사 연금저축 가입일이 2015년 3월 2일이다. 연금수령요건은 ①가입일로부터 5년 경과된 2020년 3월 2일과 ②L씨가 55세 시점인 2021년 5월 31일 ①, ② 중 늦은 날 2021년 5월 31일부터 연금수령 연차를 계산한다. 2021년 5월 31일은 1년 차, 2022년 1월 1일 2년 차, 2023년 1월 1일은 3년 차가 된다.

- 55세 이후는 연금저축 〈-〉 IRP와 상호 전액 이전이 가능하다. 연금저축계좌의 연금수령연차 2년 차를 살리기 위해 IRP 신규 개설 잔고를 0으로 하고 연금저축 3천만원을 IRP로 이전 후 퇴직금을 수령하고, 2023년 1월에 인출을 하면 3년 차가 된다.

* 퇴직일이 2023년 이전과 2023년 이후는 퇴직소득세율 개편으로 차이가 난다. L씨는 퇴직금 수령일자가 아닌 퇴직일 2022년 12월 15일 기준 세율이다.

퇴직 3년 후 퇴직금, 개인 납입액 전액 인출 시 고려할 사항 　　사례 03

K씨는 사례02의 L씨와 L전자에 같이 경력 입사하였고 2023년 12월 1일자로 희망퇴직을 신청할 예정이다. K씨는 퇴직 후 노후에 시골 과수원 준비를 하고자 한다. 2025년 3월에 퇴직금 전액을 인출해서 토지 잔금 및 경작지 내 주택 신축을 마무리할 계획이며, 현재 DC 보유 상품은 매도하지 않고 IRP로 전액 이전한 후 2025년 3월 인출 예정이다.

기본정보

- 생년월일 : 1965년 5월 31일 (퇴직일 기준 56세)
- 퇴직금 : 2.2억, 퇴직위로금 2.3억
- 입사일 : 1999년 1월 2일 (경력입사), 퇴사일 : 2023년 12월 1일
- 현재 A증권사 DC 가입 중 (2025년 1월 만기 회사채와 2024년 5월 만기 정기예금 보유 중)
- DC 가입일자 : 2020년 5월 30일 (이전은 DB제도, DB가입일자 2015년 1월 2일)
- 퇴직소득세 : 7.8% (퇴직소득세 3,510만원, 2023년 12월 1일 퇴직일 기준)
- K씨가 가입한 연금저축
  ① 2014년 3월 2일 개설한 연금저축 5천만원 (B은행, 연금수령 개시 안 함)
  ② 2022년 1월 2일 개설한 IRP 개인납입금 5백만원 (A증권)

K씨의 A증권사 DC계좌 상품은 A증권사 IRP로만 그대로 이전 가능하다. 2025년 3월 인출시점에 DC 퇴직금과 위로퇴직금을 합한 4억5,000만원에 운용수익 2,500만원으로 IRP에는 4억8천만원(4억5,000만원+개인납입금 500만원+운용수익 2,500만원)이 있다. 이를 전액 인출 예정이다.

1. 2022년 1월 2일에 개설한 IRP에 4억5,000만원을 입금 후 2025년 3월에 인출하면 연금수령연차는 3년 차가 된다. (2023년 1년 차, 2025년은 3년 차)

   ① 4억8,000만원÷(11-3)×1.2=7,200만원×7.8%×0.7=3,931,200원

   ② 4억5,000만원(퇴직금)−7,200만원=3억7,800만원×7.8%=29,484,000원

   ③ IRP에서 2025년 3월 연금수령한도는 7,200만원으로 위의 퇴직금에서 한도 적용을 전액 받았다. 개인납입금과 운용수익 3,000만원에 대해서는 연금수

령한도가 없다. K씨는 개인납입금과 운용수익 인출은 2026년 이후에 하기로

했다. 3,000만원 전액 인출 시에는 16.5% 세금을 납부한 후 종합소득세 신고

를 해야 한다. 3,000만원 전액 인출 시 16.5% 분리과세를 신청하면 납세가 종

결된다.

④ 2026년 1월 1일 IRP 평가금액은 3,500만원(퇴직금 전액 출금 이후 잔액

3,000만원+운용수익 500만원)을 분할로 연금수령하려면 2026년 연금수령

한도는 3,500만원÷(11-4)×1.2=600만원, 연금소득세는 600만원×5.5%=

33만원이다.

⑤ 2027년 1월 1일은 나머지 잔액 평가금액÷(11-5)×1.2=연금수령한도이다.

K씨는 퇴직금만 전액 인출하기로 하고 ①+②=33,415,200원의 세금을

납부하고 2025년 3월에 416,584,800원을 인출할 수 있다. 퇴직금 전액을

인출한 후 개인납입금과 운용수익은 급하지 않아 2026년부터 연금수령

한도 내에서 인출하기로 하였다.

2. 퇴직 전 K씨는 A증권사 기존 IRP를 타 연금사에 전액 이전한 후 계좌

해지를 하고 A증권사에 IRP를 신규로 개설했다. 잔고를 0으로 한 상태

에서 B은행 연금저축 5천만원을 A증권사 IRP로 이전한 후 DC에 있는

상품을 IRP로 실물 이전하였다.

2023년 기준으로 2014년 3월 2일 개설한 연금저축의 연금수령연차는

3년 차가 된다. (55세 되는 해 2021년 5월 31일과 5년 경과시점 2019년

3월 2일 중 늦은 날인 2021년 5월 31일 1년 차) 2025년 인출시점엔 연

금수령연차가 5년 차가 된다.

2025년 인출시점 IRP 평가금액은 5억3,000만원(연금저축 5,000만원+퇴직금 4억 5,000만원+운용수익 3,000만원)이라고 가정하자.

① 5억3,000만원÷(11-5)×1.2=1억600만원×7.8%×0.7=5,787,600원

② 4억5,000만원−1억600만원=3억4,400만원×7.8%=26,832,000원

③ 나머지 8,000만원에 대해서는 2026년부터 연금수령한도 내에서 인출하기로 했다.

*①+②=32,619,600원의 세금을 납부하고 2025년 3월에 417,380,400원을 인출할 수 있다.

◆1과 비교하면 795,600원의 세금을 줄일 수 있다.

대기업 고위 임원의 퇴직소득세 절감 방법

사례 04

A전자 연구담당 P부사장은 10년 근무 후 2023년 10월 퇴직했다. 10년 전 미국 IT 회사 근무 중 국내 A전자로 경력 스카우트된 P부사장은 연구개발에만 몰두해왔다. 회사에서 2년간 고문으로 재계약이 되어 2년 뒤 2026년 초에 퇴직금을 일시불로 인출 예정이다. 고문으로 재계약되기 전 퇴직처리가 되어 퇴직금을 수령해야 해서 사업장 내 A은행을 방문 IRP를 개설하고 IRP가입확인서를 업무비서에게 제출했다.

기본정보

- 생년월일 : 1965.년 1월 5일 (현재 57세)
- 입사일 : 2012년 1월 2일 (미국 IT기업에서 국내 A전자로 경력 입사)
- 퇴사일 : 2023년 12월 31일
- 2023년 12월 기준, 예상 퇴직금 15억
- 2023년 12월 말 기준, 임원퇴직한도 13억, 2024년 1월 13일 지급 예정
- A전자 임원은 퇴직금 제도 운영 중
- 2025년 12월 기준, P부사장의 예상 퇴직소득세율 24.9% (퇴직소득세 323,274,600원)
- 2012년 2월 1일 가입한 S보험사의 세제적격 개인연금 저축 잔고 5천만원 있음
- 2년 고문 재직기간의 퇴직금 계산은 예외로 한다.

    퇴직금의 금액이 크고 근속기간은 짧아 세율이 높게 나왔다. P부사장은 퇴직금 지급 기일 14일 내 여러 군데 자문을 해보았고 세금을 줄일 수 있는 방법을 알게 되었다.

1. A은행 IRP로 퇴직금을 수령하고 2026년 2월에 일시불로 인출할 경우

  ①2026년도 연금수령한도

  14억(퇴직금 원금 13억+2년간 운용수익 1억)÷(11-3년 차, 2024년 1년 차, 2026년 3년 차)×1.2=2억1,000만원

  ②퇴직소득세[2억1,000만원×24.9%×0.7]+[(13억-2억1,000만원)×24.9%]= 308,013,000원

2. S보험사의 연금저축을 A은행 IRP로 이전시키고 2024년 1월, 퇴직금을

A은행 IRP로 따로 받았다. 2026년 2월에 일시불로 인출할 경우

① 2026년도 연금수령한도

14억5,000만원(원금 13억+2년간 운용수익 1억+연금저축 5,000만원)÷

(11-10년 차, 2021년 6년 차, 2026년 최대 10년 차)×1.2=17억4,000만원

② 퇴직소득세 13억×24.9%×0.7=226,590,000원

◆1과 2의 퇴직금 인출에 대한 세금 차이는 81,423,000원이다.

P부사장이 퇴직 후 고문으로 계약한 2년은 근속기간에 합산되지 않는다.

S교사의 퇴직금을 IRP로 수령 시 절세 방법

사례 05

58세, S교사는 조기 퇴직으로 퇴직수당과 명예퇴직수당으로 1억5천만원을 수령할 예정이다. 퇴직소득세를 5%라고 가정해보자.

- 연금으로 수령 A : 2002. 1.1 이후 기여금만 과세
- 퇴직수당 수령 B : 2002. 1.1 이후 기여금만 과세
- 명퇴수당 수령 C : 전체기간 과세 — 소속기관 지급(교육청, 시청, 도청 등)

1. 은행 급여계좌로 수령 시

1억5,000만원×5%=750만원의 퇴직소득세를 원천징수 후 1억4,250만원 인

출할 수 있다.

2. IRP계좌 개설 후 바로 인출 시

[1억5,000만원÷(11-1)×1.2=1,800만원(연금수령한도)×5%×0.7]+[(1억5,000만원-1,800만원)×5%]=723만원의 퇴직소득세 납부 후 1억4,277만원을 수령할 수 있다.

　* 은행계좌보다 27만원을 더 수령할 수 있다.

S교사는 2013년 1월, 은행직원 권유로 IRP를 개설 10만원 입금 후 잊어버리고 있었다. 퇴직수당을 받는데 IRP계좌가 유용하다는 이야기를 듣고는 잊어버린 과거의 IRP를 찾아 상담을 받으니, 55세 되는 시점에 연금수령연차가 6년 차가 되었다고 한다. 현재 58세로 9년 차이다.

3. 1억5천만원을 2013년 1월 개설된 IRP로 수령 후 바로 인출 시

　[1억5,000만원÷(11-9)×1.2=9,000만원×5%×0.7]+[(1억5,000만원-9,000만원)×5%]=615만원의 퇴직소득세 납부 후 1억4,385만원을 수령할 수 있다.

　* IRP에서 연금수령한도 내 인출하고 퇴직금과 운용수익은 종합소득, 건강보험 산정에도 제외된다.

S교사가 1억5,000만원을 급여계좌로 수령하고 남은 돈 1억이 있다면, 퇴직 후 60일 (달력 기준) 이내 연금공단과 소속기관의 지급처에 과세이연 신청을 하면 된다. 이 경우 복잡한 절차가 진행되니 퇴직금 수령 전 IRP, 연금저축계좌 번호를 각각의 지급처로 제출하고 수령 후 일부만 인출하

는 것이 좋다.

　직역연금 가입자는 50세 전후 IRP계좌를 개설해서 소액이라도 입금을 해두는 것이 향후 퇴직 일시금 수령 시 절세에 도움이 된다. 만 50세 되는 3월 2일 시점에 은행 IRP를 개설, 매월 20만원씩 입금 후 연말 소득공제를 받으면서 57세 조기 퇴직으로 퇴직수당과 명예퇴직 수당을 IRP계좌로 받으면 55세 3월 2일자는 연금수령연차 1년 차, 57세 3년 차로 절세할 수 있다.

　2013년 3월 1일 이전 가입은 55세 시점에 연금수령연차 6년 차부터 시작되니 연금저축, IRP계좌가 있다면 연금수령 개시를 뒤로 미루고 계속 유지하는 것이 좋다.

국민연금 수령 전 사적연금의 효율적 수령 및 절세 안내

사례 06

　정년퇴직한 A씨(p284의 사례 참고)의 연금수령에 대한 과세를 알아보자.

기본정보

- 생년월일 : 1963년 12월 1일 (2024년 1월 현재 만 61세)
- 퇴직일 : 2023년 12월 2일 정년퇴직함. 입사일 : 1989년 1월 2일
- 예상 퇴직금 : 4.5억 (퇴직원금 3.9억, 운용수익 6천만원)
- 퇴직 소득세 : 4.8% (2,165만원 예상, 중간정산 안 함)
- 현재 A보험사 DC계좌에 이율보증형 GIC상품 일부 가입 중 (만기 2024년 1월)

- DC 퇴직금의 A보험사 IRP로 이전일 : 2023년 12월 10일
- DC 가입일 : 2019년 1월 2일 (이전은 DB 가입, DB 가입일은 2011년 12월 30일)
- 국민연금 수급 개시일 : 2027년 1월

1. 2023월 12월 현재, A씨가 가입 중인 연금상품

①1997년 3월 2일 가입 A보험사, (구)개인연금 1.3억원 (IMF 당시, 최저보장 이율 5% 적용)

②2012년 2월 1일 가입 B증권 연금저축 1억원(세액공제 받지 않은 금액 5천만원, 세액공제 받은 금액 3천만원, 운용수익 2천만원)

③2016년 1월 3일 가입 C은행 IRP 개인납입 4천만원(3,500만원 세액공제 받음, 5백만원 운용수익)

④2023년 12월 15일, A보험사 DC 4.0억 → A보험사 IRP로 실물(상품)이전 예정

⑤2010년 1월 2일 A보험사에 종신 변액연금보험, 개인저축보험 5천만원 (10년 납입 완료)

2. 국민연금 수령 전 3년 동안 월 4백만원(세전)을 인출하고자 한다

구 분	연금상품	수령방식	월 수령금액 (단위 만원)	과세여부
A보험사	(구)개인연금 1.3억원	종신수령	70	비과세
B증권사	연금저축	5천만원/36개월 (세액공제 받지 않은 5천만원 범위 내)	130	비과세
C은행	개인납입 IRP		57	연금소득세 5.5%
B 증권사	IRP (퇴직금)		143	분류과세
합 계			400	

- A보험사에서는 공시이율로만 정기적 연금수령을 하거나 연금수령 기

간 중 상품운용은 신탁형에서만 가능하다고 하여 GIC 만기일자인 2024년 1월 말에 현금으로 상환되자 B증권사 IRP를 신규 개설하고 퇴직금 전액을 이전하였다.

- B증권사 이전 후 퇴직금 연금수령연차 및 연금수령한도는 2024년 1월 기준 4억6,000만원÷(11-7년 차)×1.2=1억3,800만원이다. IRP 내 퇴직금 수령 월 143만원은 연간 연금수령한도에 포함되어 세금은 143만원×4.8%×0.7=48,048원이다.

- C은행 IRP 개인납입금의 2024년 1월 기준, 연금수령연차는 4년 차다. 2024년 연금수령한도는 4,000만원÷(11-4)×1.2=685만원이다. 12개월로 나누면 월 57만원만 연금수령 예정이다.

3. A씨는 다른 소득이 없이 2024년 2월부터 3년간 연금소득만 있다.

구분	금액	비고
연금소득(총연금액)	6,840,000	C은행 연금저축 세액공제 받은 금액 중 57만원×12개월=684만원이 연금소득이다. 비과세 연금소득 및 퇴직연금은 분류과세로 연금소득 신고에서 제외된다.
연금소득공제	4,836,000	350만원+350만원 초과금액의 40%
연금소득금액	2,004,000	
인적공제	3,000,000	1명당 150만원, 본인 및 배우자 공제
과세표준		
세율		1,400만원 이하 세율
산출세액		과세표준×6%
표준세액공제		
결정세액(종합소득세)		
지방소득세		

총 납부세액		
기 납부세액	376,200	684만원 x 5.5%(지방소득세 포함)
환급세액	376,200	

A씨는 퇴직 후 실업급여 이외 3년간 다른 소득이 없다면 종합소득세 신고를 하는 것이 좋다. 위와 같이 세액을 산출하면 376,200원을 돌려 받을 수 있다.

종합소득 신고 대상이 아니라서 연금인출 시 원천징수로 납세가 종결되는 줄 알고 그냥 지나치는 경우가 많이 있다. 꼭 시뮬레이션을 해보자.

65세 은퇴자가 시세가 낮은 집으로 이사한 후 차액의 효과적 운용

사례 07

P씨는 65세이다. 지금 살고 있는 집 시세가 13억이고 공시지가는 11억 5,000만원이다. 노후에 현금을 보유해야 하기에 마침 매수자가 있어 12억 원에 팔고 근교 시세가 낮은 집으로 이사를 한 후 차액 5억원이 남았다.

1. 1억원 한도 내 IRP 또는 연금저축계좌에 입금 가능

소득세법시행령 제40조의2 연금계좌 등 2항에서는 중 부부 중 한 명이 60세 이상이고 공시가격 12억 이하인 기존 주택을 팔고 그보다 낮은 가격의 주택 취득 또는 무주택일 경우에 차액인 1억원 한도 내에서 연금계좌

에 추가 입금이 가능하도록 했다.

주택 양도일부터 6개월 이내에 주택차액을 주택 소유자의 연금계좌로 납입하여야 하고 이러한 조건은 5년간 유지해야 된다. 주택차액 입금에 대해서는 근로소득, 종합소득 신고 시 세액공제 혜택은 없지만 연금계좌로 입금하면 이자수익에 대해 절세 혜택을 주기 위함이다.

IRP는 퇴직연금 정기예금 가입이 가능하고 금리도 시중예금보다 높은 편이다. 채권투자, ETF 등 다양한 상품으로 투자를 할 수 있다. 여기서 수익 난 부분은 연간 연금소득 1,500만원 이내 5.5~3.3% 연금소득세만 내면 된다. IRP 예금은 일반 예금과는 별도로 5천만원까지 예금자보호도 된다.

연금저축에서는 정기예금 상품이 없고 정해진 기간 이후 이율이 확정되는 만기매칭형 채권형 펀드와 만기매치형 ETF가 가능하다. 예금자 보호는 되지 않는다.

만성질환으로 의료비 지출이 많은 은퇴자들은 IRP나 연금저축을 활용하면 인출 시 연간 연금소득 1,500만원에 포함되지 않고 저율과세로 인출할 수 있다.

2. 부부 각각 ISA계좌로 연간 2,000만원씩 입금

ISA는 19세 이상 국내 거주자는 소득과 상관없이 누구나 가입할 수 있다. 근로소득이 있으면 15세부터 가입이 가능하다. 단, 직전 3개년간 금융소득종합과세 대상자는 ISA에 가입할 수 없다.

1인당 1계좌만 가능하니 부부 각각 계좌 개설이 가능하다. ISA 의무가입 기간은 3년이다. 납입한도는 연간 2,000만원이고 5년간 최대 1억원이다. 연간 납입한도 여유분은 이월이 가능하고 올해 500만원을 납입하면 내년에는 3,500만원 납입이 가능하다.

정부에서는 ISA 가입한도를 5년간 1억원에서 2억원까지 올리는 방안을 검토 중이다.

노후에 용돈벌이 작은 소득이라도 있으면 서민형 ISA에 가입을 하면 된다. 서민형은 총급여 5,000만원/종합소득 3,800만원 이하만 가능하고 가입 시 소득확인증명서가 필요하다. 계좌 내 상품운용 이익과 손실을 합산한 순손익에 대하여 400만원까지 비과세, 400만원 초과시는 9.9%를 분리과세한다.

일반형 ISA는 누구나 다 가능하다. 상품운용 순손익에 대해 200만원까지 비과세이고 200만원 초과 시는 9.9% 비과세이다. 여기서는 소득확인증명이 필요 없다.

ISA계좌 내 운용할 수 있는 상품으로는 예금, 펀드, ETF, 주식, 채권매매, 파생결합증권 등 다양하게 투자가 가능하다. 해외주식 투자는 불가능하다.

연금 및 상품 안내 사이트

연금에 대한 정보와 편안한 노후 준비를 위한 연금 설계, 관련한 다양한 소식과 최신 상품 등을 알아보기 위해 도움이 될 만한 사이트를 소개한다.

금융감독원 연금포털 안내 100 lifeplan.fss.or.kr 통합연금포털
연금저축, 퇴직연금 비교공시, 연금세제와 개요 등을 비롯해 내 연금 조회, 연금저축 맞춤상품 등을 안내하고 있다.

중앙노후준비지원센터 국민연금공단 노후준비 서비스
노후준비자금 설계, 국민연금을 포함한 내 연금 알아보기, 노후 필요자금에 따른 국민연금 등 준비자금 진단 등 시뮬레이션, 국민, 개인, 퇴직, 주택연금 한번에 확인하기, 기초연금 모의 계산 등 비교적 구체적이고 자세한 노후 자금 관련 서비스를 제공받을 수 있다.

한국거래소 정보데이터시스템 http://data.krx.co.kr/contents/MDC/MAIN/main/index.cmd
종목별 주식, 채권, ETF 시세 등 실시간 안내, 개별 채권종목 이자, 만기에 대해 믿을 수 있는 정보를 소개하고 있다.

삼성자산운용 펀드솔루션 www.fundsolution.co.kr
국내 자산운용사 전체의 퇴직연금, 개인연금 펀드상품을 유형별로 안내하고 국내 자산운용사 전체의 ETF 상품 검색, 상품 비교, 신규 출시 ETF를 안내하고 있어 자신에게 필요한 정보를 찾아보기에 좋다.

ETF CHECK www.etfcheck.co.kr ,
국내외 업종별 ETF 시세 모음이 소개되어 있다. 업종 간 비교를 통해 내게 맞는 ETF 상품을 선택할 수 있다.

SEARCH ETF www.search-etf.com
국내 월 배당 ETF, 최근 ETF 분배금, ETF 배당율 TOP 50 등이 안내되어 있어 자신이 원하는 유형의 배당 ETF 종목을 찾아볼 수 있다.

참고 도서와 자료

참고 도서
보험연수원 퇴직연금제도모집인 등록교육 책자 (2023년 6월)
미래에셋투자와 연금센터 《퇴직연금디폴트옵션》 (김동엽, 오은미 지음)
미래에셋투자와 연금센터 《TDF로 자율운행하라》 (손수진 외 4인 지음)
한국FP협회 《연금상담전문가 1, 2》 (이영주, 장덕진 지음)

참고 자료
고용노동부 퇴직연금 홈페이지
고용노동부 근로자퇴직급여 질의회시집 (2022년 1월)
고용노동부 사전지정운용제도(디폴트옵션) FAQ (배포용) (2022년 7월)
고용노동부 사전지정운용제도 FAQ (추가) (2022년 9월)
국세청 국세상담센터 질의회시집
국세청 퇴직소득, 연금소득 안내 자료
국민연금공단 국민연금 홈페이지
보건복지부 기초연금 홈페이지
보험연구원 노후의료비재원마련을 위한 사전적립제도 현황 (2023년, 김규동, 정원석, 강윤지)
한국주택금융공사 주택연금 홈페이지
삼성자산운용펀드솔루션 홈페이지
SEARCH-ETF 홈페이지
한국리츠협회 홈페이지
미래에셋투자와 연금센터 김수명의 '월 배당 ETF 하면 꼭 등장하는 커버드콜 전략이 대체 뭐길래" (2023년 11월 21일)

연금관련 법규 및 감독규정
근로자퇴직급여보장법, 근로자퇴직급여보장법시행령, 근로자퇴직급여보장법시행규칙, 퇴직연금감독규정, 퇴직연금감독규정 시행세칙

연금 에센스 80

초판 1쇄 발행 2024년 5월 8일
초판 3쇄 발행 2024년 8월 1일

지은이 이창만
펴낸이 이종일

책임편집 이은

펴낸곳 버튼북스
출판등록 2020년 4월 9일 제386-251002015000040호

주소 경기도 부천시 소삼로38 휴안뷰 101-602
전화 032-341-2144 **팩스** 032-342-2144

© 이창만, 2024

ISBN 979-11-87320-51-7 03320

• 책값은 뒤표지에 있습니다.
• 파본이나 잘못된 책은 구입하신 서점에서 교환해 드립니다.